AF603303

RELATIONS
DE DIVERS
VOYAGES
CURIEUX,
QUI N'ONT POINT ESTE' PUBLIE'ES,

Et qu'on a traduit ou tiré des Originaux des Voyageurs François, Espagnols, Allemands, Portugais, Anglois, Hollandois, Persans, Arabes & autres Orientaux, données au public par les soins de feu

M. MELCHISEDEC THEVENOT.

LE TOUT ENRICHI DE FIGURES, DE PLANTES non décrites, d'Animaux inconnus à l'Europe, & de Cartes Geographiques, qui n'ont point encore été publiées.

NOUVELLE EDITION,

Augmentée de plusieurs Relations curieuses.

TOME PREMIER.

CONTENANT LA I. ET II. PARTIE.

A PARIS,

Chez THOMAS MOETTE Libraire, ruë de la Boucleric, à saint Alexis.

M. DC. XCVI.

AVEC PRIVILEGE DE SA MAJESTE'.

AV ROY.

SIRE,

Ie preſente à Voſtre Majeſté vn recueil de Relations des Indes Orientales & des Voyages de long cours, dans le temps que la gloire de Voſtre Nom a remply toute l'Europe, & que vos Sujets ſont ſur le point de la porter auec voſtre Empire au delà de l'Ocean: Ils trouueront dans les Routiers & dans les Cartes des Portugais tout ce que prés de deux cens années de Nauigation &

plusieurs naufrages leur ont apris pour trouuer sur la Mer la route & les traces d'vn si long chemin. Les lettres des Generaux & des Presidens des Compagnies d'Angleterre & de Hollande leur découuriront les fautes qu'ils ont faites, en establissant leur Commerce, & la maniere dont les François s'y doiuent prendre, pour le faire auec plus d'auantage. Ils y trouueront la connoissance des terres que les Hollandois croyent auoir interest de cacher au reste du monde. Ces Relations leur feront voir que les autres Peuples de l'Europe qui ont entrepris de peupler quelque partie de ces vastes terres, se sont épuisez d'hommes en executant ce dessein. Que la France seule y peut fournir, que seule elle peut enuoyer assez de monde pour y planter la Foy, & pour entretenir des Colonies qui les cultiuent. Il semble que la possession luy en appartienne par ce droit naturel, & qu'elle luy ait esté reseruée au temps de Vostre regne, sous lequel il n'y a point d'exaltation qu'elle ne se doiue promettre. La gloire, SIRE, *d'auoir gaigné des batailles, conquis des Prouinces, & donné la loy aux Princes de l'Europe, vous sera commune auec d'autres Conquerans, dont il n'y a que le nombre & la grandeur de vos victoires qui vous distingue. Mais celle d'obliger tout Vostre siecle, ou plustost tout le Genre humain, est digne de l'application d'vn Prince, autant éleué au dessus de tous les autres que vous l'estes. C'est à V. M. à prendre le soin d'en faire le bon-heur, comme elle en est tout l'ornement & toute la gloire. C'est à Elle à le rendre plus riche, plus abondant, plus sçauant, & mieux informé de tous les secours que les hommes peuuent tirer des Arts ou de la Nature. Ce sera par Vos ordres que l'on acheuera de descouurir la Terre que les hommes habitent il y a si long-temps, sans la connoistre toute entiere. La nouuelle Zembla, le Cabo Mendocino, & la terre d'Iezo, ne seront plus les dernieres terres du Monde du costé du Nord; & du costé du Midy on deura à V. M. la découuerte de toute la terre Australe, qui en fait vne cinquiéme Partie, aussi grande peut-estre que pas vne des autres. V. M. tirera ces deux extremitez du Monde du chaos où l'ignorance des hommes les a tenuës iusques à cette heure enuelopées. Ceux qu'elle employera à faire ces découuertes, rapporteront de nouueaux secours pour la Vie humaine de nouueaux remedes ſpecifiques inconnus à nos Medecins, & pour les autres Arts ils feront les meſmes recherches. Ainſi l'Art de la Soye fut tranſporté de la Chine dans l'Europe; le meſme eſt arriué de l'Artillerie & de l'Imprimerie; car cent ans auant qu'elle en euſt l'vſage, cinq ou ſix de ſes Voyageurs eſtoient retournez de la Chine, ou ces Arts eſtoient en pratique il y auoit longtemps. Enfin ces Entrepriſes rendront voſtre nom adorable à tout ce qu'il y aura jamais d'hommes; l'éclat des actions de cette nature a fait tous les Dieux de l'Antiquité, & elles vous attireront les vœux & l'Admiration de tout le monde. Cependant ce trauail me ſeruira pour rendre vn meilleur compte à V. M. d'vne vie que ie luy dois conſacrer, & de l'employ que i'en ay fait depuis mon retour d'Italie, où comme en d'autres occaſions de ſon ſeruice, ie me ſuis efforcé de luy donner des preuues de mon zele & de ma fidelité. C'eſt*

SIRE,

DE VOSTRE MAIESTÉ,

Le tres-humble tres-obeïſſant, & tres-fidele ſeruiteur & Sujet,
THEVENOT.

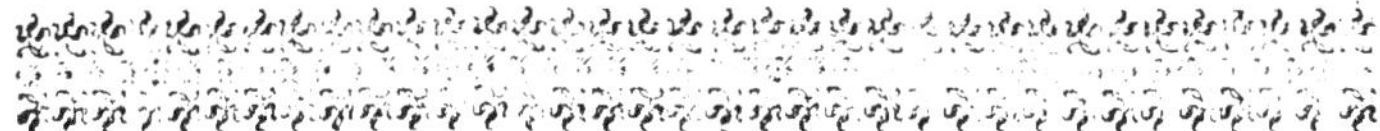

AVERTISSEMENT.

A reputation de Mr Thevenot étoit si bien établie chez tous les gens de Lettres, & le soin qu'il apportoit à ramasser tout ce qu'il y avoit de rare & de curieux non seulement dans l'Europe, mais aussi dans les autres parties du Monde, étoit si connu, qu'on sera surpris de voir qu'il luy fût encore resté entre les mains quelques-uns des exemplaires des Voyages qu'il avoit fait imprimer, & qu'on donne dans ces deux Volumes. Cependant quoique cet Ouvrage se fût acquis l'estime de tous les Curieux par les exemplaires qui s'en étoient répandus dans le public, & qui n'étoient qu'en petit nombre, il n'en étoit pas luy-même entierement satisfait; & ceux qui le connoissoient particulierement, sçavent toutes les difficultés qu'il se formoit pour donner la derniere main à ce Recueil : car il recouvroit tous les jours quelques nouveautés qu'il vouloit joindre à ce qu'il avoit déja fait, tant pour donner des éclaircissemens aux difficultés qui s'y rencontroient, que pour le mettre dans une plus grande perfection.

On ne peut pas dire que tous les retardemens qu'il apportoit à rendre son Ouvrage entierement parfait, vint d'une envie qu'il eût de conserver pour luy ce qu'il avoit de plus rare & de plus curieux, puisqu'on connoissoit assez le zele qu'il avoit pour faire part au public de ce qui étoit entre ses mains; & les correspondances qu'il entretenoit par tout pour en tirer ce qu'il y avoit d'extraordinaire afin de le publier, le justifient assez de cette jalousie qui n'est que trop commune entre les Curieux.

Mais l'esperance qu'ont ordinairement tous les hommes d'avoir assez de loisir & de vie pour executer les grands projets qu'ils font, avec la santé dont Mr Thevenot joüissoit en particulier, le faisoient differer de jour en jour de publier ce qu'il avoit. Il étoit si fort occupé par les traductions qu'il faisoit luy-même, & par celles dont il prenoit le soin, outre la correction des impressions à laquelle il travailloit continuellement, & même dans le temps qu'il est mort, qu'il étoit presque impossible qu'il pût satisfaire l'impatience du public, & qu'il n'y eût quelque confusion dans tous ses Ouvrages. Le grand nombre de differentes Relations, les interruptions dans la suite d'une Impression, & plusieurs Ouvriers qui travailloient quelquefois chacun en particulier sur un mesme Ouvrage pour des raisons qu'on ne peut pas dire, y apportoient une espece de desordre, qu'il étoit bien difficile d'éviter.

Cependant la rareté des exemplaires qui étoient entre les mains des Curieux, & une cinquieme Partie qu'il faisoit esperer aprês avoir achevé la quatrieme, ne faisoient qu'augmenter le desir de voir cet Ouvrage tout entier & dans sa perfection. C'est pourquoy l'on a cru que le public seroit bien-aise de trouver dans ces deux Volumes tout ce que Mr Thevenot avoit fait imprimer de Voyages & de Relations quand il est mort, & de pouvoir être assuré que l'Ouvrage est complet, comme on le pourra reconnoître par la Table suivante: ce qu'il est fort difficile de rencontrer dans ces sortes de Recueils, qui n'ont point de suite determinée par les faits ny par les temps.

On a trouvé de grandes difficultés à rendre cet Ouvrage parfait & complet; il a falu faire rimprimer plusieurs feuilles qui ne se trouvoient plus, & même quelques Relations toutes entieres, dont on ne trouvoit qu'une premiere épreuve avec quelques corrections; & l'on a été aussi obligé de faire graver plusieurs planches au lieu de celles qui ont été perdues.

Mais on n'a pas jugé à propos de rendre deux Relations completes, dont on n'a pu ramasser que des feuilles sans suite, quand mesme on auroit pu avoir les originaux sur lesquels on avoit imprimé ce qu'on en a trouvé: c'est pourquoy on les donne seulement icy comme des fragmens, afin de ne rien laisser perdre de ce que Mr Thevenot avoit fait. Et ces deux pieces n'étant pas écrites en François, on n'a pas cru que le public y eût pris assez de part, pour y faire une dépense considerable. On ne sera donc pas surpris, si parmy ce Recueil on trouve de fausses signatures, & des chifres qui ne se suivent pas; & l'on pourra avoir recours à la Table, pour sçavoir si l'on a tout ce qu'on peut avoir de ces ouvrages.

On a aussi cru qu'on pouvoit renfermer en deux Volumes ce qui étoit divisé en quatre Parties, avec les pieces qui ne sont raportées à aucune Partie, & qui devoient composer la cinquieme. Pour ce qui est de l'ordre, on a suivi celuy que Mr Thevenot avoit fait imprimer il y a quelque temps dans une feuille volante.

Outre ces deux Volumes in folio, il y a encore un petit Recueil particulier in 8°. qui comprend le Voyage d'un Ambassadeur Moscovite à Pekin, & une Découverte dans l'Amerique Septentrionale, avec un Discours sur la Navigation, & quelques Dissections d'Insectes de M. Swamerdam, & une nouvelle Maniere de Niveau. Il y a aussi deux petits Traités in 12° avec des figures, de l'Art de nâger & de lutter.

CATALOGUE
DES RELATIONS ET DES VOYAGES
recueillis ou traduits par Melchisedec Thevenot.

TOME PREMIER.

I. Partie.

DEscription des Pyramides d'Egypte, comme elles étoient l'an 1638. & 39. de Nostre Seigneur, par Jean Greaves, traduite de l'Anglois, avec une Lettre du Sieur Tito Livio Buratini, contenant une description des Momies d'Egypte, traduite de l'Italien, l'une & l'autre enrichie de figures fort exactes & fort curieuses.

Relation des Cosaques, avec la Vie de Kmielniski, tirée d'un Manuscrit.

Relation des Tartares du Crim, des Nogais, des Circasses & des Abassas, par Jean de Luca, traduite d'un Manuscrit Italien, avec quelques Notes d'un Gentilhomme Polonois qui a été long-temps esclave dans le païs.

Relation de la Colchide ou Mengrelie.

Informatione della Georgia di Pietro della Valle, tirée d'un Manuscrit, avec l'Oraison funebre de Sitti Maani sa femme.

Voyage d'Antoine Jenkinson au Cathay.

Extrait de la Relation de l'Ambassade que les Hollandois envoyerent en 1656. & 1657. au Tartare qui est presentement Maître de la Chine.

Relation de la Prise de l'Isle Formosa par les Chinois le 5. Juillet 1661.

Relation de la Cour du Mogol par le Capitaine Hawkins.

Memoires de Thomas Rhoë Ambassadeur du Roy d'Angleterre prés du Mogol, traduits du Recueil Anglois de Purchas.

Voyage d'Edouard Terry aux Etats du Mogol, traduit du Recueil de Purchas.

Description des Plantes & des Animaux des Indes Orientales par Kosmas Monachos, autrement Indopleustes, tirée d'un Manuscrit de la Bibliotheque de S. Laurent de Florence, le texte Grec, & la traduction Françoise.

Les Climats Alhend & Alsend de la Geographie d'Abulfeda, traduits d'un Manuscrit Arabe du Vatican.

Relation des Antiquités de Persepolis, traduite d'Herbert & de Figueroa.

Commencement d'un Livre des Caldéens de Bassora, autrement appellés les Chrétiens de S. Jean, écrit en caracteres tres-anciens, non encore vus en Europe, avec l'Alphabet de ces mêmes caracteres, & une Carte Arabe du païs.

Relation des Royaumes de Golconda, Tanassari, Arecan, par Wilhem Methold President de la Compagnie Angloise.

Relation de Floris Vuliamson, du Golfe de Bengale.

Relation du Royaume de Siam par Schouten, traduite de l'Hollandois.

Voyages aux Indes Orientales de Bontekouë, traduits de l'Hollandois

Découverte de la Terre Australe, traduite de l'Hollandois, avec une Carte de cette cinquiéme Partie du Monde.

Routier des Indes Orientales par Aleixo da Motta, traduit d'un Manuscrit Portugais.

II. Partie.

Avis d'un des Facteurs de la Compagnie Hollandoise sur le commerce des Indes.

Autre Avis sur le commerce du Japon.

Autre Avis sur le commerce des Indes Orientales.

Le Routier d'Aleixo da Motta, traduit du Portugais.

Carte Portugaise de la Carrera, ou Navigation des Indes Orientales.

Vuës des principales côtes des Indes Orientales.

Memoire ou Voyage de Beaulieu, François, fait aux Indes Orientales, & dressé par luy-méme.

Trois Relations des Isles Philippines, avec une grande Carte de la Chine, du Japon, de la terre de Jezo, & de toutes les Isles de l'Asie, avec la Peninsule au delà du Gange, des Isles des Larrons ou Mariannes, & de la Nouvelle Guinée.

Relation du Japon par François Caron, avec les Remarques d'Hagenar desavouées par M. Caron.

Relation des Martyrs du Japon par Reys Gysbertz Hollandois & Calviniste, traduite de l'Original Hollandois.

Relation de la Découverte de la Terre d'Ieso, avec une petite Carte.

Flora Sinensis, ou Description des Plantes & Fleurs de la Chine, leur maniere de les cultiver, avec les figures des Plantes.

Monumens antiques de la Religion Chrétienne, trouvés dans la Province de Xensi à la Chine.

TOME SECOND.

III. Partie.

Ambassade des Hollandois à la Chine.

Route du Voyage des Ambassadeurs Hollandois à Pekin, avec plusieurs grandes figures des habillemens, & de ce qu'il y a de plus considerable dans la Chine.

L'Atlas Chinois, ou Description Geographique de l'Empire de la Chine, par le P. Martini, avec une Carte qui convient tres-exactement à sa description; & à la fin une Addition au Royaume du Japon.

Rapport que les Directeurs de la Compagnie Hollandoise des Indes Orientales ont fait de l'état de leurs affaires aux Indes en 1664.

IV. Partie.

L'Indien, ou Portrait au naturel des Indiens, par Dom Jean de Palafox Evêque de la Puebla de los Angels.

Relation des Voyages du Sieur Acarete sur la Riviere de la Platte, & de là par terre jusques au Perou & au Potosi.

Voyage à la Chine des PP. Grueber & d'Orville, avec la Relation du Voyage par terre de ces mêmes Peres depuis Pekin jusqu'en Europe, où il se trouve aussi des remarques curieuses sur la Langue Chinoise.

Le même en Italien.

La Science Morale des Chinois, ou le second Livre de Confucius, traduit de la Langue Chinoise par le P. Intorcetta.

Histoire de la Haute Ethiopie, écrite sur les lieux par le P. Manuel d'Almeïda Jesuite, extraite & traduite de la copie Portugaise du P. Balthazar Tellez, avec une grande Carte de l'Ethiopie, de l'Empire des Abyssins, autrement du Prêtre-Jan, faite sur les lieux par ces mêmes Peres, & de petites Cartes de quelques Ports de la Mer Rouge.

Remarques sur les Relations d'Ethiopie des PP. Jeronimo Lobo & Balthazar Tellez Jesuites.

Relation du P. Jeronimo Lobo de l'Empire des Abyssins, des Sources du Nil, de la Licorne.

Découverte de quelques païs qui sont entre l'Empire des Abyssins & la côte de Melinde.

Relation du Voyage du Zaïd ou de la Thebaïde, fait en 1668. par les Capucins Missionnaires en Egypte, avec un Itineraire de Montfalout au Caire.

Histoire de l'Empire Mexicain representée par figures, avec leurs explication literale.

Relation du Mexique, avec l'Histoire de la Nouvelle Espagne, par Thomas Gages.

Relations qui n'ont point encore paru.

Route d'Abel Tasman autour de la Terre Australe, avec la découverte de la Nouvelle Zelande & de la Terre de Diemens.

Instruction sur la route & sur les vents qui se rencontrent ordinairement dans les voyages qui se font des Païs bas jusqu'à Battavie, dans l'Isle de Java, & au retour.

L'Ambassade de Schahrok fils de Tamerlam, & d'autres Princes ses voisins, à l'Empereur du Katay.

Autre Relation d'une Ambassade du Czar à l'Empereur du Katay Bogdi l'an 1653. écrite en Latin.

Synopsis Chronologique de la Monarchie Chinoise depuis l'annéa 275. après le Deluge, jusqu'à l'année de N. Seigneur 1666. écrite en Latin, où l'on remarquera que la partie de cette Chronologie qui commence à la naissance de J. C. a pour titre, *Decas secunda*, sans qu'il y ait de *Decas prima*. Il faut voir la remarque de M. Thevenot au sujet de cette Chronologie, qui est en apostille à la page 22. du Voyage des PP. Grueber & d'Orville.

L'Asie de Barros, ou l'Histoire des Conquêtes des Portugais aux Indes Orientales.

Relation des Chrêtiens de S. Jean, faite par le P. Ignace de Jesus Carme Déchaux, Missionnaire à Bassora.

Voyage de la Tercere, fait par le Commandeur de Chaste.

Elemens de la Langue Tartare, en Latin.

Fragment contenant la description des Isles de Salomon,

Autre Fragment servant à l'histoire de quelques Princes Orientaux.

Dans le Volume in 8°.

Voyage d'un Ambassadeur que le Tzar de Moscovie envoya à la Chine l'année 1653. dont il est parlé dans la Relation du Voyage des Ambassadeurs de la Compagnie Hollandoise à Pekin.

Découverte de quelques Païs & Nations de l'Amerique Septentrionale, & de la grande Riviere de Mitchisipi, avec une Carte de son cours.

Discours sur l'Art de la Navigation, avec quelques Problêmes qui peuvent suppléer en partie ce qui manque à un art si necessaire, avec une nouvelle construction de Niveau.

Les Histoires naturelles de *l'Ephemere* & du *Cancellus* ou *Bernard l'Hermite*, décrites & representées en figures par M. Swamerdam, pour servir de supplément à ce qu'Aristote & les autres en ont écrit.

Volume in 12°.

L'Art de Nager, & celuy de la Lutte, avec des figures.

A Paris, chez Thomas Moëtte, Libraire. 1696.

AVIS,

Sur le dessein, & sur l'ordre de ce Recueil.

I'ENTREPRENS de donner à la France les Voyages Anglois d'Hackluyt & de Purchas, qu'il y a si long-temps qu'elle souhaite d'auoir en sa Langue. I'en adjousteray à ceux-là plusieurs autres non moins curieux, qui n'ont iamais veu le iour, & beaucoup qui ayant esté publiez en d'autres Langues, viennēt d'estre traduits en la nostre pour en enrichir ce Recueil. I'ay encore eu, en le faisant, la veuë de rectifier & d'accroistre le peu de connoissance que l'Europe a euë jusqu'icy de l'Asie ; & pour cela, ie me suis resolu d'y joindre les Traductions de quelques Auteurs Orientaux, qui en ont fait ou l'Histoire ou la Description. Sans me renfermer toutefois dans cette seule Partie du Monde, mon intention est d'en faire autant pour les autres Parties, & de donner vne Relatiō de tous les Estats & Empires, & d'autant-plus fidele & plus exacte, que ie la feray sur de meilleurs Originaux, & sur la foy de Personnes choisies entre ceux qui les ont couruës & obseruées auec plus de soin. I'ay voulu aussi sauuer de l'oubly quantité de Voyages & de memorables actions de nos François, qui semblent auoir eu plus de cœur pour les faire, que de soin pour les écrire. Ce n'est point, au reste, afin d'establir le merite de cét Ouurage, que j'arreste icy le Lecteur, pour luy faire connoistre la difficulté qu'on a euë à ramasser toutes ces Pieces, & à les traduire d'onze ou douze Langues differentes. Mais ie ne puis m'empescher de dire quelque chose de la fin que ie m'y suis proposée, parce que ie suis persuadé qu'il n'y aura point d'homme raisonnable qui ne l'approuue.

Il a esté remarqué dans les éuenemens de ces deux derniers Siecles, que la Nauigation & le Trafic ont eu leur part dans toutes les grandes reuolutions qui y sont arriuées. Car sans parler du bouleuersement de l'Empire des Yncas & du Mexique, aussi-bien que de celuy de tous les Estats des Indes Orientales, il est certain que les Peuples qui sont nos plus proches voisins se sont enrichis, par le moyen de ces Arts, & infiniment éleuez au dessus de leurs propres forces.

Par là l'Espagne s'est trouuée en estat de disputer de grandeur auec la France. Par là les Portugais, qui estoient resserrez dans l'vn des plus petits & plus steriles cantons de l'Europe, se sont estendus par toute la Terre ; & les Prouinces Vnies, qui jusqu'à la fin du Siecle precedent, s'estoient contentées de la Pesche, & d'vn Commerce de Port en Port, se sont mises en possession des Indes d'Orient, ont entre les mains le plus riche Commerce de la Mer, tiennent plus de lieuës de pays dans ces contrées si reculées, qu'elles n'ont d'arpens de terre dans la basse Allemagne, & par là sont arriuées à traiter d'égal auec des Princes qu'elles reconnoissoient auparauant pour leurs Souuerains. Mais les Espagnols se sont épuisez de soldats pour armer ces riches Flottes, & pour garnir les Places de leurs nouueaux Establissemens ; & peut-estre que l'or & l'argent du Perou & du Mexique ne les ont pas enrichis à proportion de ce que cét épuisement d'hommes les a affoiblis.

Les Portugais n'ont pû fournir à ces Armemens, & il ne leur reste presque plus rien de leurs Conquestes des Indes Orientales, que la gloire des belles actions que leurs Conquerans y ont faites.

Les Hollandois sont tous les iours obligez de se seruir d'Estrangers pour ces Nauigations, & principalement de nos François, qui vont chercher chez eux vn employ auquel ils sont si propres, & qu'ils ne trouuent point chez nous ; & ils ont peu de Places en ce pays-là, où il n'y ait plus d'Estrangers que de gens de leur Pays, & plus de François que de pas vne autre Nation.

Ie me suis imaginé que les exemples de ces Conquestes, & des richesses que nos Voisins en tirent, pourroient exciter vn iour ceux de nostre Nation à entreprendre la mesme chose, & à nauiger dans ces Mers éloignées, sous le Pauillon de France; & que la lecture des Voyages qui les exciteroit à en faire de pareils, leur seruiroit encore pour les instruire de la conduite qu'il y faut tenir.

On a écrit que la connoissance de la Nauigation d'vn Basque, qui auoit esté jetté par la tempeste sur les Isles de l'Amerique, fut cause que Colomb en entreprit la découuerte, & que dix-sept mille écus que cousta son Armement, & qui furent auancez par vn particulier (car le Roy Ferdinand ne voulut pas hazarder cette somme) auoient vallu aux cinq derniers Roys d'Espagne dés l'année 1645. plus de quarante-cinq mille millions d'or, en barres d'argent, & en lingots d'or, comme il se void dans les Registres de la Casa de Contratacion de Seuille; & bien dauantage en Droits & en Marchandises.

Iean II. Roy de Portugal, quelques années auparauant, entreprit la découuerte des Indes Orientales, sur la lecture du Voyage de Marco-Polo, & sur la Relation de deux hommes qu'il auoit enuoyez par terre pour les reconnoistre; & ses Sujets qui auparauant n'osoient passer vn Cap éloigné de deux cens lieuës de Lisbonne, qu'ils appelloient, par cette raison, *Cap de Non*, ont rangé depuis, toutes les Costes du Monde, & en ont fait le tour.

La Relation de Houtman, qui s'estoit informé en Portugal de l'estat des Indes Orientales, & la proposition qu'il fit de cette Nauigation aux Marchands d'Amsterdam, fut cause de l'Establissement de la Compagnie Hollandoise, qui les possede maintenant auec tant de reputation & d'auantage.

Le recit mal-asseuré des richesses du Perou, engagea Pizarre, Almagre, & le Maestre Escuela de Panema, à faire vne Cõpagnie pour y aller, auec si peu d'apparence de succés, qu'elle fut d'abord appellée *la Compañia de los tres locos*; & cependant c'est à ces trois Fous que l'Espagne doit les richesses du Perou, & la dépoüille des Yncas.

Ie voy tous les iours citer Linschot par les Pilotes dans leurs Nauigations; & j'ay remarqué dans beaucoup de voyages Anglois, que la lecture d'Hackluyt a souuent tiré leurs Nauigateurs, & des Flottes entieres, de fort mauuais pas.

Les raisons & les exemples precedens m'ont fait croire que mon Trauail pourroit estre vn iour vtile à ceux de mon Pays, quand l'amour de la Gloire ou celuy de l'interest, leur feroit tourner les yeux de ce costé-là. C'est en leur faueur que j'essayeray de mettre en ce Recueil tout ce que les autres Peuples ont de meilleur en ce genre, & tout ce qui pourra seruir d'instruction pour la Nauigation, pour le Commerce, ou pour l'Establissement des Colonies, d'où l'vn & l'autre dépẽdent.

Et à cause qu'vne des choses qui semblent refroidir le plus nos François de faire de semblables Entreprises, est le peu de succés qu'ont eu toutes celles de cette nature, qu'ils ont faites iusqu'à cette heure, & qu'à cause, par exemple, que Villegagnon, Monluc, Ribaut & Rauardiere n'ont pas long-temps conserué dans l'Amerique les Postes qu'ils y auoient occupés, & que ceux du Cap de Nord dans ces derniers temps n'y ont pas esté plus heureux: ils tirent de là vne consequence que la Nation n'y est pas propre; Ie tascheray de les desabuser de cette opinion: car ils pourront voir dans les Relations de l'Establissement de toutes les Colonies des autres, & principalement des Anglois, des Hollandois, des Espagnols & des Portugais, qui feront vn Volume à part, d'vne iuste grosseur, que ce qui est auenu à nos François, leur est aussi auenu au commencement de leurs entreprises, témoin les reuoltes & les diuisions des Pizarres & des Almagres au Perou, & des Cortés & des Naruaes au Mexique.

La difference qu'on trouuera entre-eux & nous, & ce qui a fait reüssir nos Voisins, est que nous nous sommes rebutez dés la premiere disgrace qui est arriuée à nos Colonies, au lieu que les autres, principalement les Anglois, ont eu la constance de voir ruiner dans la Virginie, les cinq ou six premieres des leurs, sans desesperer comme nous de s'y establir.

Mais la Nauigation, le Commerce, & les Colonies, ne sont pas les seuls auantages que j'estime qu'on peut tirer de ces Voyages. Car sans mettre en consideration que l'esprit & le jugement se perfectionnent dans cette sorte de lecture, & qu'ils y acquierent vne certaine estenduë qui les empesche de condamner legerement tout ce qui n'est pas selon la maniere de leur Pays, ou selon la leur particuliere; Il est encore vray que la perfection des Arts peut estre fort auancée par ce moyen, & par la communication que les hommes ont les vns auec les autres, de ce qui se pratique chez eux. On n'a peut-estre point encore fait assez de reflexion sur le profit qui peut produire cette communication des pratiques dans les Arts, ny pensé combien elle peut apporter de commodité à la vie humaine.

Entre ces Arts, j'ay crû que le principal soin deuoit estre pour ceux qui sont les plus vtiles au bien de la Societé. Par cette raison, ie me suis efforcé autant qu'il m'a esté possible, de perfectionner la connoissance que nous auons de la Geographie, de la Nauigation, du Commerce, de l'Histoire naturelle, & de tous les autres Arts qui contribuënt à cette fin. I'ay recherché curieusement tout ce qui pouuoit donner lumiere des Pays inconnus jusqu'à cette heure: & pour l'Histoire naturelle, j'ay ramassé auec le mesme soin, les nouuelles découuertes de Plantes, d'Animaux, de Mineraux, & de leurs proprietez, qui nous peuuent estre de quelque vsage. Ie continuëray à recueillir tout ce que j'en trouueray chez les Estrangers; & comme Hackluyt & Purchas ont inseré dans leurs Liures les Instructions que l'on donnoit de leur temps à ceux qui faisoient de longs voyages, ie les imiteray dans ce Recueil. Ie mettray tantost les instructions du General d'vne Armée Nauale; tantost celle d'vn Nauigateur que l'on enuoye pour faire vne découuerte; quelquefois des Memoires de Marchands pour vn Facteur, & pour establir vn Commerce en Moscouie, ou aux Indes; d'vn Teinturier qui fera le voyage de Leuant pour apprendre les secrets de son Art; ou d'vn Medecin pour en rapporter ce que ces Peuples éloignez ont de meilleurs remedes ou de plus seures experiences contre les maladies.

L'on trouuera, en premier lieu, dans ce Recueil, les Relations des Pays qui s'étendent depuis les bords du Pont-Euxin jusques à la Chine, & en suite les Pieces qui regardent la Perse, les Estats du Mogol, & les Indes.

La Relation des Cosacques sera donc la premiere; ie n'en sçay point l'Autheur, mais il ne faut pas que le Public ignore qu'il en a l'obligation à Monsieur Iustel, puisque le Manuscrit en a esté tiré de son Cabinet.

Celles des Tartares, des Circasses, & des Abcasses, &c. est d'vn Missionaire. Olearius, qui le rencontra dans son voyage, luy donne la qualité d'Ambassadeur du Roy de Pologne.

L'on n'a point encore vû, en nostre Langue, de Relation de la Colchide ou Mengrelie, ny de Carte de ce Pays-là. Ie pourrois dire la mesme chose de la Relation de la Georgie de Pietro della Valle, que l'on n'a point voulu traduire, de peur de faire tort à son stile, si propre pour ce genre d'écrire.

La Nauigation de Ienkinson, & son voyage dans le Turkestan & le Mauralnahar, nous donne aussi connoissance d'vn Pays dont nous en auons eu fort peu jusques à cette heure, & confirme le discours que l'Ambassadeur de Moscouie fit aux Hollandois, que la distance entre la Mer Caspienne & la Chine n'est pas si grande qu'on la suppose.

L'Extraict du Voyage des Hollandois à la Chine en 1656. & 1657. a esté inseré icy, en attendant que l'on en donne la Relation toute entiere auec ses Figures.

A la Prise de l'Isle Formosa par les Chinois, l'on a joint vne Description de l'Isle, faite par Monsieur de la Moriniere, qui a porté les armes quatre ou cinq ans en ces Pays-là, & que l'on mettra plus estenduë, auec son voyage, dans le Volume de la Chine.

Hawkins, Rhoë, Terry, Methold, ont demeuré long-temps, auec autorité, dans les Pays qu'ils décriuent, & par cette raison, leurs Relations en sont plus exactes & plus croyables.

Le Fragment Grec du Cosmas vient de Monsieur Bigot, qui l'a copié dans la Bibliotheque de Florence, il est fort court; mais cependant, il nous donne la veritable cause de l'inondation du Nil, la description de l'Animal d'où vient le Musc, & d'vn autre qui auroit passé pour vn monstre ou pour vne chimere, si l'on n'en auoit trouué vne teste dans le Cabinet de feu Monseigneur le Duc d'Orleans, qui est maintenant au Louure, dont on a fait grauer la figure aussi grande que le naturel, pour la mettre dans vn autre Volume où l'on aura sujet de le décrire. Les Chrestiens de Ceilan, dont les Prestres receuoient en ce temps-* là les Ordres sacrez en Perse: les Nations de l'Inscription de Ptolomée Euergetas, la date de la 27. année de son Regne, contraire à la supposition d'Eusebe & des autres Chronologies que nous auons des Roys d'Egypte; L'autorité qu'elle donne à Marco-Polo, qui dit que Cublaican enuoya des Ambassadeurs au Roy de Ceilan pour auoir cette Escarboucle qui y est décrite; & l'estime de la longueur & de la largeur de la terre, selon les Brachmanes, rendent cette piece tres-considerable; & tres-grande l'obligation que le Public en a à celuy qui l'a copiée.

* C'est au temps de l'Empereur Iustin.

C'estoit icy le rang d'vne Relation des Chrestiens de Bassora; apres les Tables d'Abulfeda & les Antiquitez de Persepolis: mais comme il me manque quelques Pieces que j'ay dessein d'y joindre, ie me suis contenté de donner vne Carte particuliere des enuirons de Bassora, en caracteres Arabes, où l'on a marqué dans chaque lieu le nombre de leurs Familles, & le commencement d'vn Liure qui est dans la mesme veneration parmy ces Peuples, que la Bible entre les autres Chrétiens; mais qui a cela de fort curieux, qu'il est écrit en caracteres tres-anciens, que l'on n'a point encore veus en Europe. Pour la traduction, on ne l'a point voulu mettre icy, à cause que la personne qui y a trauaillé n'a encore pû s'éclaircir de quelques doutes qui l'auroient renduë imparfaite.

On doutera d'abord de la verité du voyage de Bontekoë; mais en Hollande, où l'on a examiné beaucoup de gens de son Equipage, qui s'estoient nourris de ces poissons qu'ils prenoient en volant par dessus leur Batteau, elle passe pour tres-auérée; & enfin, le saut de Bontekoë n'est pas plus difficile à croire que celuy du Capitaine d'vn Vaisseau Hollandois, qui ayant esté attaqué par les Turcs vers le Détroit, & reduit à la necessité de se rendre, satisfit à son serment, & mit le feu aux poudres; il en fut enleué en l'air auec tout son Equipage, & retomba sur le Tillac d'vn des Vaisseaux qui l'attaquoient, où son Ennemy luy fit mille caresses, le fit traiter, & luy donna la vie auec la liberté. Cependant, la verité de cette auenture est constante, & il n'y a pas long-temps que la chose est arriuée.

La Terre Australe, qui fait maintenant vne cinquiéme Partie du Monde, a esté découuerte à plusieurs fois; la Partie nommée de Vvitlandt en 1628. la coste que les Hollandois appellent la Terre de P. Nuyt, le 16. Ianuier 1627. la Terre de Diemen le 24. Nouembre 1642. celle qu'ils ont nommée la nouuelle Hollande en 1644. Les Chinois en ont eu connoissance il y a long-temps; car l'on void que Marco-Polo marque deux grandes Isles au Sud-Est de Iaua, ce qu'il auoit appris apparemment des Chinois, auec ce qu'il dit de l'Isle de Madagascar; car ces Peuples ont fait autrefois ce que font maintenant les Nations de l'Europe, & ont couru toutes les Mers des Indes jusques au Cap de Bonne-Esperance, pour le Commerce & pour faire de nouuelles découuertes. Pelsart, dont on a mis icy la Relation de la terre Australe, y fut jetté, plustost qu'il ne la découurit; mais l'on donnera en suite les Voyages de Charpentier & de Diemen, à qui on doit le principal honneur de cette Découuerte; Diemen en rapporta de l'Or, de la Porcelaine, &

mille autres richesses, qui firent croire d'abord que le Pays produisoit toutes ces choses; L'on a sçeu depuis, que ce qu'il en rapporta venoit d'vne Carraque qui auoit échoüé sur ces costes; le mystere qu'en font les Hollandois, & la difficulté de permettre que l'on ne publie la connoissance que l'on en a, fait croire que ce Pays est riche. Comment auroient-ils cette jalousie pour vn Pays qui ne produiroit rien de ce qui merite qu'on l'aille chercher si loin? L'on sçait d'ailleurs qu'ils y enuoyerent des troupes pour s'y establir, & qu'ils trouuerent des Peuples fort resolus qui se presenterent aux Hollandois sur la gréve où ils deuoient débarquer, & les vinrent receuoir jusques dans l'eau, les attaquerent dans leurs chalouppes, nonobstant l'inégalité de leurs armes; Les Hollandois disent qu'ils trouuerent des hommes qui auoient huict pieds de haut; Pelsart ne marque point cette grandeur extraordinaire; & peut-estre que la peur qu'ils firent aux Hollandois, qui les obligea à se retirer, les fit paroistre plus grands qu'ils ne sont en effet. Quoy qu'il en soit, presque toutes les costes de ce Pays-là ont esté découuertes, & la Carte que l'on en a mise icy, tire sa premiere origine de celle que l'on a fait tailler de pieces rapportées, sur le paué de la nouuelle Maison-de-Ville d'Amsterdam.

Le Routier est la piece la plus exacte qui ait paru en ce genre; mais on ne le donne pas icy tout-entier, parce qu'il auroit trop retardé la publication de ce Volume; Comme il est diuisé par Voyages, on a crû qu'on le pouuoit separer; & en la place de ce que l'on en a osté, l'on a mis la Description des Pyramides d'Egypte. Il n'y a rien à dire de l'exactitude auec laquelle elles sont décrites; car le discours le fera mieux connoistre que tout ce que l'on en pourroit dire icy.

Au reste, ceux qui liront ce Recueil, ne se doiuent point estonner de voir les noms propres des choses de l'Orient écrites souuent autrement par vn Hollandois que par vn Anglois, & quelquefois mises diuersement dans vn mesme Auteur; c'est vn changement qui arriue tousiours lors que les mots d'vne Langue sont en la bouche, ou sous la plume d'vne personne à qui elle est estrangere: mais c'est vne necessité, que la chose arriue de la sorte dans les Langues Orientales, puisque les Orientaux mesmes, à qui elles sont naturelles, les prononcent diuersement lors qu'ils les lisent. Ces Peuples, pour la pluspart, ne marquent point les voyelles des mots qu'ils écriuent; Ainsi, par exemple, en lisant Mogol, les vns diront Magol, les autres Mogul. Cela est si vniuersellement vray, qu'Abulfeda se plaint qu'entre les Geographes qui l'ont précédé, les plus exacts n'auoiẽt point eu le soin de marquer la veritable prononciation des noms des Pays qu'ils décriuent; & il adjoûte, que c'est par cette raison qu'il a fait vne Colonne dans sa Geographie, où il marque toutes les voyelles de chaque mot. Dans ces Langues, ce défaut a son auantage; car il rend leur écriture quasi vniuerselle à diuerses Nations qui la lisent differemment. Mais c'est vne grande difficulté pour nous autres; auec cela, imaginez-vous quel changement doit faire, dans ces termes écrits auec tant de diuersité, le manquement que nous auons de lettres dans nostre Alphabet, pour exprimer ces mesmes termes, & la difficulté du costé de la difference des organes de la voix pour les prononcer. Il est vray que si les Européans estropient leurs noms, ils nous rendent bien la pareille; & il y en a fort peu, dans leurs Histoires, que nous puissions reconnoistre. Si de leur Zaradust nous auons fait Zoroastre, ils ont déguisé aussi le nom d'Heraclius qu'ils appellent Arcol; celuy d'Alexandre qu'ils nomment Alcandhar, & ainsi du reste; c'est pourquoy on doit excuser ce changement quand on le rencontrera dans ces Voyages, puis-qu'il est de meilleure foy de mettre les noms comme on les trouue, que de les corriger sans les voir écrits en la Langue du Pays, qui seroit le seul moyen de le pouuoir faire auec quelque fondement.

Les Figures que l'on trouuera dans ce Recueil, seront toutes copiées sur des originaux, & non point tirées du caprice du Graueur & du Peintre; car celles-là donnent plustost vne fausse idée de la chose, qu'elles n'aidẽt à en éclaircir la Descriptiõ

TABLE DES RELATIONS DE CETTE PREMIERE PARTIE.

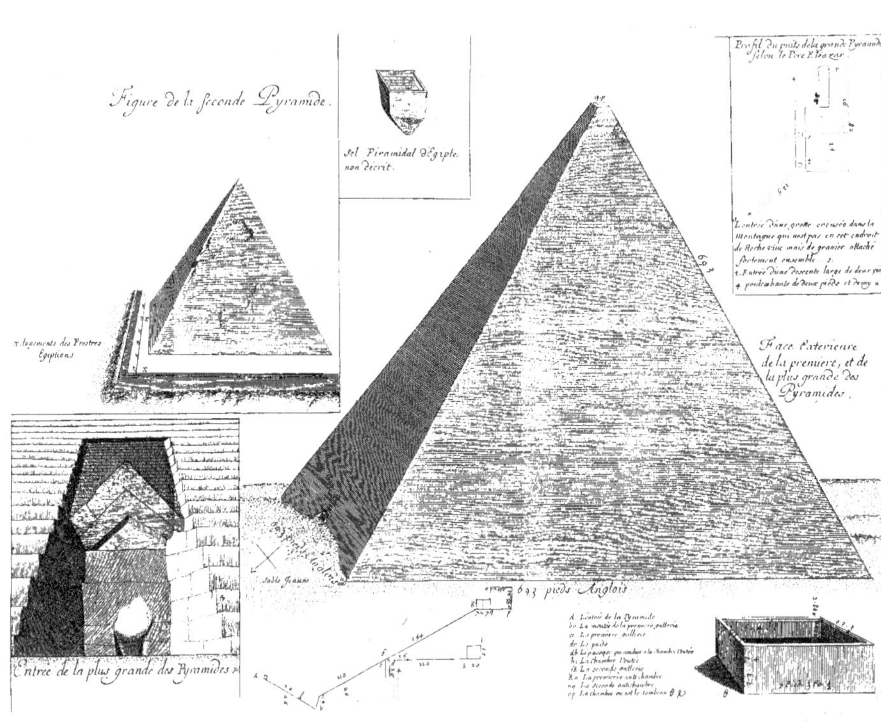
Figure de la seconde Pyramide.
Sel Piramidal d'Egipte non decrit.
Profil du puits de la grande Pyramide selon le Pere Eleazar.
Face exterieure de la premiere, et de la plus grande des Pyramides.
Entrée de la plus grande des Pyramides
693 pieds Anglois
Sable Jeaune

DESCRIPTION DES PYRAMIDES D'EGYPTE,

par Iean Greaues, Professeur en Astronomie en l'Vniuersité d'Oort.

A quelle fin les Pyramides ont esté basties, & de la maniere des Egyptiens d'embaûmer les corps.

Es Anciens qui ont parlé des Pyramides, sont tous d'accord qu'elles ont esté basties pour seruir de Monumens; Diodore & Strabon le disent clairement, les Arabes confirment la mesme chose; & le tombeau qu'on void encore aujourd'huy dans la plus grande Pyramide, soit qu'il soit de Cheops, comme dit Herodote, ou de Chemmis selon Diodore, met la chose hors de doute.

C'est vne recherche curieuse, de sçauoir pourquoy les Roys d'Egypte entreprirent ces grands Bastimens. Aristote dit que ç'a esté pour exercer leur tyrannie: Pline croid qu'ils les ont bastis en partie par ostentation de leur puissance, & aussi pour tenir leurs Sujets occupez, & les diuertir des pensées de reuolte. Quoy que la raison que Pline rapporte ait pû entrer en consideration, toutesfois selon mon sens, elle n'a pas esté la principale. Pour moy, ie croy l'auoir trouuée dans la Theologie des Egyptiens; Seruius lors qu'il explique ce vers de Virgile

——————————————— *animamque Sepulchro*
condimus ———————————————

dit que les Egyptiens croyoient que l'ame demeuroit attachée au corps tant qu'il demeuroit en son entier; Que les Stoïciens estoient de la mesme opinion; les Egyptiens, ce dit-il, embaûment leurs corps, afin que l'ame ne s'en separe pas si-tost pour passer dans vn autre corps. Les Romains au contraire les brûlent afin que l'ame puisse plustost retourner à son principe, & se reünir à son Tout. C'est pour conseruer les corps plus long-temps, que les Egyptiens ont inuenté ces precieuses compositions dont ils les embaûment, & qu'ils leur ont basty de si superbes Monumens; esperant par là les preseruer de la pourriture, & les rendre en quelque façon eternels.

Herodote, parlant en son troisiéme Liure de la cruauté de Cambise, qui fit tirer du tombeau le corps d'Amasis Roy d'Egypte, pour le faire foüetter & le traiter auec toute sorte d'ignominie, dit qu'on le brûla; ce qui estoit contraire à sa Religion: car les Persans adorent le feu comme vn Dieu, & tiennent qu'il y a de l'irreligion de luy faire consumer le cadavre d'vn homme. Les Egyptiens au contraire, croyent que le feu est vne creature viuante, qui deuore ce qu'on luy presente, & meurt apres auec ce qu'elle a deuoré. Ils les embaûment ou sallent, pour empescher que les vers ne les consomment, le mot Grec dont il se sert est Ταριχεύειν Baruch & Platon s'en sont seruy dans la mesme signification; & Lu- Baruch 6.71.
cien en vn endroit dit, les Grecs brûlent leurs morts, les Persans les enterrent, Plato. Phædon. Lucian.
les Indiens les oignent de graisse de porc, les Barbares les mangent, & les Egy- de luctu.
ptiens les sallent & les embaûment: C'est de là que vient l'allusion que Marc-Aurelle fait sur le mot de Τάριχον; ce qui estoit hyer, ce dit-il, vn excrement, deuient Τάριχος, vn corps embaûmé, ou est reduit en cendres. Outre que l'embaûmement rendoit le corps aussi dur que du marbre, l'ame, selon leur Religion, y demeuroit vnie: ce qui donna sujet à Platon, qui demeura en Egypte auec Eu- Strab. l. 17.
doxus l'espace de treize ans, de tirer vne induction de cette longue durée des corps, pour prouuer l'immortalité de l'ame; son argument auroit encore plus de force en ces temps, car deux mille ans apres luy ie les ay trouuez fort entiers & fort durs. Saint Augustin asseure là dessus, que les Egyptiens estoient les seuls

Dans la glosse d'Isidore de l'édition de Vulcanius.

Gabbares mortuorum.

qui creussent la Resurrection ; ils preparent, ce dit-il, soigneusement leurs corps morts, & les rendent aussi durs que s'ils estoient de bronze ; ils appellent dans leur langue ces corps ainsi preparez, Gabbares.

Leur maniere d'embaumer les corps, autant que j'en puis juger par ceux que i'ay veu est décrite fort curieusement & fort fidelement dans Herodote & dans Diodore, c'est pourquoy ie rapporteray icy tout ce qu'ils en ont dit.

Leur dueil & leurs sepultures se font en cette maniere : S'il est mort en quelque maison quelque personne considerable, toutes les femmes du logis se frottent de bouë la teste & le visage, & puis ayant laissé le mort à la maison, elles courent par toute la ville ceintes par le milieu du corps & la gorge descouuerte. Ainsi ayant auec elles leurs plus proches parentes, elles pleurent, elles font des lamentations, elles se battent la poitrine. D'vn autre costé les hommes font la mesme chose, & sont ceints par le milieu du corps, & descouuerts comme les femmes. Apres cette ceremonie ils portent embaumer le corps, car il y a certains hommes qui en font mestier. Quand on leur apporte le corps, ils montrent à ceux qui l'ont porté des images de morts faites de bois peint, & disent que celle-là est la mieux faite, dont il ne seroit pas bien-seant de dire le nom ; que la seconde qu'ils montrent est moindre pour l'ouurage & pour le prix, & que la troisiéme est la moindre qui se fasse. Lors qu'ils ont fait cette montre, ils demandent aux parens sur quel modelle ils veulent qu'on fasse le mort ; & apres auoir conuenu entre-eux & du modelle & du prix, les parens du mort se retirent. Alors on embausme le corps le plus promptement qu'il est possible. * Premierement on tire la ceruelle par les narines, auec des ferremens propres pour cela ; & à mesure qu'on l'a fait sortir, on fait couler en la place des parfums : En suite, ils couppent le ventre vers les flancs, auec vne pierre Ethiopique bien aiguisée, & en tirent les entrailles qu'ils nettoyent & qu'ils lauent dans du vin de Palme. Quand ils ont fait cette operation, ils les font encore passer dans vne poudre aromatique ; & en suite, ils les remplissent de myrrhe pure, de casse, & d'autres parfums, excepté d'encens, & les remettent dans le corps qu'ils recousent. Apres toutes ces façons, ils sallent le corps auec du Nitre, & le tiennent dans le lieu où il est sallé durant l'espace de soixante & dix iours, n'estant pas permis de l'y tenir plus long-temps. Lors que les soixante & dix iours sont accomplis, & qu'on a encore laué le corps, ils l'enueloppent auec des bandes faites de fin lin, & qu'ils frottent par dessus auec vne gomme, dont les Egyptiens se seruent ordinairement au lieu de sel.*

* Ayant fait ouurir la teste d'vn de ces corps embaûmez, ie trouuay dans le crane deux liures de ces drogues qui auoient la consistance, la noirceur & l'odeur de Bithume ou de poix, & qui se fondoit à la chaleur du Soleil ; il falloit necessairement qu'on les y eust fait entrer, comme dit Herodote, par les narines, la langue de cette Mommie ne pesoit que sept grains, tant estoit legere cette partie qu'il appelle vn monde de mal-heurs.

* Dãs la traduction Angloise de cét endroit d'Herodote, il y a au lieu de Gluë.

Ces Bandes, autant que j'en ay pû juger par celles que j'ay veuës ; estoient de lin, & de la mesme matiere que l'habit des Prestres d'Egypte ; car Herodote en son second Liure dit, que les Egyptiens auroient fait scrupule de se faire enterrer auec des habits de laine, ou de s'en seruir dans leurs Temples ; & Plutarque dans son Liure d'Izis & d'Osiris, remarque que les Prestres d'Izis portoient des habits de lin, & estoient rasez ; c'est par cette mesme raison qu'Ouide dit,

Nec tu linigeram fieri quid possit ad Isim
Quæsieris.

I'ay veu de ces bandes aussi fortes & aussi entieres que si elles eussent esté nouuellement faites : ils lioient les corps morts auec ces bandes, commençans par la teste & finissans aux pieds, & puis en mettoient encore d'autres par dessus, tellement qu'il y en auoit plus de 1000. aulnes pour chaque corps.

b I'ay aussi veu beaucoup de ces coffres ou bierres taillées sur la ressemblãce d'vn hõme, ou plustost sur celle de ces Mommies ; car l'on n'y peut remarquer que la figure de la teste, sans autre distinction de membres, le reste du corps estant representé comme vn tronc qui se termine en vn pied d'estail ; sur lequel, comme rapporte Herodote, ils les tenoient dressez. Ces coffres sont peints auec plusieurs Hieroglyphiques ; j'en ouury deux, & ie trouuay sur les corps qu'ils enfermoient deux petites figures attachées aux bandes de lin, & peintes auec leurs caracteres sacrez ; les couleurs en estoient fort viues & fort fraisches, & entre ces peintures j'en remarquay qui representoiẽt des hõmes, des femmes auec des testes de faucõs & de chiẽ, entre lesquelles il y auoit de ces mesmes figures assises sur des chaises ; elles estoient la pluspart attachées vers le ventre, à l'endroit des genoux & des jambes : sur les pieds j'y trouuay vne couuerture de lin peinte, qui estoit aussi de la mesme matiere. Ce lin qui couuroit les pieds estoit peint d'Hieroglyphiques, & auoit la façon d'vn soulier ou d'vn patin fort éleué : sur la poictrine estoit vne espece de cuirasse, faite aussi de lin mis en plusieurs doubles : au milieu de ces bandes vers le haut, estoit representée vne femme les bras estendus, & au bout des bras de chaque costé estoit la teste d'vn Faucon bien peinte & dorée. Ils representoient par là la Diuinité, comme dit Plutarque dans son Liure d'Yzis & d'Osiris. Pour l'ame, ils la representoient par vn serpent * qui auoit dans sa gueule la pointe de sa queuë. I'ay beaucoup veu de ces representations grauées dans des pierreries qui se trouuent en Alexandrie ; ils marquent aussi par des Croix l'esperance qu'ils ont de la vie eternelle, comme Ruffin l'explique : I'ay veu beaucoup de ces Croix entre leurs Hieroglyphiques, les vnes peintes, les autres grauées, & quelques-vnes mesme double & triple faites de terre-cuite. Sur vne statuë d'Osiris qui est à Rome, elles sont grauées de la sorte. T

* I'ay trouué dãs vne Momie vne pierre d'aimant qui representoit vn escarbot, que Plutarq. dit auoir été adoré par les Egyptiens : Moïse appelle leurs dieux stercorcos, l'aymãt n'auoit point perdu sa vertu magnetique.

Ce que Greaues prend pour des Croix, est le Sistre des Egiptiẽs.

Quand les parens ont repris le corps, ils font faire comme vne statuë d'homme de bois creusé, dans laquelle ils enferment le mort; & apres l'y auoir renfermé, ils le mettent comme vn tresor dans vn coffre,[b] qu'ils dressent de bout contre la muraille. Voila les ceremonies qu'on fait pour les riches: quant à ceux qui se contentent de moins, & qui ne veulent pas faire tant de dépenses, ils les traitent en cette maniere. Ils remplissent vne siringue d'vne liqueur odoriferante qu'on tire du Cedre, qu'ils poussent par le fondement dans le corps du mort sans luy faire aucune incision, & sans en tirer les entrailles, & le tiennent dans le sel autant de temps que les autres. Quand le temps est expiré, ils font sortir du corps du mort la liqueur de Cedre qu'ils y auoient mise; & cette liqueur a tant de vertu, qu'elle fait fondre les intestins, & les entraîne auec elle. Pour le Nitre, il mange & consomme les chairs, & ne laisse que la peau & les ossemens du mort. Alors, celuy qui l'a embaûmé le rend à ses parens, & ne s'en met pas dauantage en peine.

La troisiéme façon dont on se sert pour embaûmer les morts, est celle qui regarde ceux de la moindre condition; car on se contente d'en purger & d'en nettoyer le ventre par des lauemens, & d'en faire secher le corps dans le sel durant le mesme temps de soixante & dix iours, afin de le rendre en suite à ses parens. Pour les grandes Dames, & celles qui ont esté belles, ou en quelque consideration, on ne les donne pas à embaûmer aussi-tost qu'elles sont mortes; mais on attend trois ou quatre iours apres, de peur que les embaûmeurs n'en ayent connoissance: Car on dit qu'autrefois on en surprît vn dans ce crime, auec vne femme qui venoit de mourir, & qu'il fut accusé par son compagnon. Quand on a troué quelque mort, soit Egyptien, soit Estranger, soit qu'il ait esté tué par vn Crocodile, soit qu'il ait esté noyé dans le Nil, la Ville où le corps a esté jetté est obligée de le faire embaûmer, de luy faire de magnifiques funerailles, & de le faire enterrer en lieu saint. Il n'est permis à qui que ce soit de le toucher, pas mesme à ses parens & à ses amis, excepté aux Prestres du Nil qui le touchent & l'enseuelissent comme si c'estoit quelque chose de plus grand & de plus considerable qu'vn homme mort. Au reste, les Egyptiens rejettent les coustumes des Grecs; & pour tout dire en vn mot, ils ne veulent point receuoir les coustumes des autres peuples, ce qui est inuiolablement obserué par toute l'Egypte. *Voyez les Notes à la fin de ce Chapitre.*

Diodore dit le mesme, mais fort distinctement, selon sa coustume; lors qu'il meurt quelqu'vn chez les Egyptiens, ses parens & ses amis se jettent de la bouë sur la teste, & courent par les ruës les remplissant de leurs cris, jusqu'à ce que le corps soit enterré; ils s'abstiennent cependant du bain, de l'vsage du vin, & de toute autre delicatesse; obseruant mesme durant ce temps-là de ne porter que des habits fort simples; ils ont trois manieres de preparer le corps de leurs morts, l'vne qui est de tres-grande dépense, l'autre qui couste moins, & vne troisiéme qui se fait à fort peu de frais: la dépense de la premiere est d'vn talent d'argent, la seconde est de vingt mines, & la troisiéme couste fort peu de chose: Ceux qui preparent les corps en font vn mestier qu'ils ont appris de leurs peres; ils presentent aux parens du deffunt vn memoire de la dépense de chacune de ces manieres de preparer les corps; & quand ils en sont conuenus, & du prix, on met le corps entre les mains de ceux de cét Art; celuy qu'ils appellent le Scribe l'estend sur terre, & marque à l'endroit du ventre sur le costé gauche, l'endroit où il faut faire l'incision; vn autre qu'ils appellent le Couppeur vient apres, & couppe autant de la chair que l'on luy commande, & cela auec vne pierre Ethiopique; l'operation faite, il s'enfuyt le plus viste qu'il peut; car ceux qui y ont assisté courent apres luy, & luy jettent des pierres, & le suiuent auec mille imprecations: car ces peuples croyent que quiconque fait violence ou quelque injure que ce soit à vn corps semblable au sien, merite la haine de tout le monde: au contraire, ils rendent de l'honneur & du respect aux embaûmeurs, ils conuersent auec leurs Prestres, & ont l'entrée des Temples libre, comme estant personnes sacrées : l'vn d'eux trouuant le corps dissequé, y enfonce la main & en tire les entrailles à l'exception du cœur & des reins ; vn autre en oste les ordures, les nettoye & les laue auec du vin fait de palme, & autres odeurs ; enfin, tout le corps ayant esté soigneusement frotté de suc, de cedre, & d'autres compositions, l'espace de trente iours ; ils y mettent apres de la myrrhe & du cynamome, & semblables choses qui ont la vertu non seulement de les conseruer long-temps, mais aussi de leur donner vne agreable odeur : ils le mettent apres entre les mains des parens, toutes les parties du corps demeurans en leur entier, les sourcils, mesmes les paupieres & les cheueux s'y peuuent remarquer, aussi bien que la proportion du corps & la taille, tellement qu'on les peut reconnoistre : ainsi les Egyptiens gardent les corps de leurs ancestres dans des bastimens magnifiques, & font voir tous ceux qui les ont precedez ; on y peut reconnoistre leur taille, & les traits de leurs visages ; ce qui leur est vne grande consolation d'esprit, & leur represente ces personnes comme encore viuantes parmy eux.

Cette description & celle d'Herodote nous expliquent le passage de Ciceron, où il dit ; Les Egyptiens embaûment leurs morts, & les gardent dans leurs maisons ; Sextus Empiricus dit, qu'ils les gardoient hors de terre ; Pomponius Mela, qu'ils les tenoient *in lectulis*, comme dit aussi saint Athanase dans la vie de saint Anthoine ; Lucien y adjoûte dans le traité qu'il a fait du Deüil. Ils portent ces corps dessechez au milieu de leurs festins, ils y tiennent leur place entre les autres Conuiez, i'y suis troué, & j'en parle par cette raison auec plus d'asseurance ; quand ils ont besoin d'argent, ils mettent quelquefois en gage le corps de leur pere ou de leur frere : Sylius Italicus dans ses vers, confirme la mesme chose ; & pour ce qui est de mettre les corps en gage, Diodore adjouste que c'est vne chose ordinaire, & qu'il n'y a pas de plus grande honte que de manquer à les dégager, qu'on refuse la sepulture à ceux qui sont tombez dans ce manquement : c'est par cette raison, dit-il en vn autre endroit, que ceux desquels ou pour leurs crimes ou pour leurs debtes n'ont point esté enterrez, sont gardez dans le logis sans estre mis dans vn coffre, jusqu'à ce que leur posterité estant deuenuë plus riche, acquitte leurs debtes ou donne de l'argent pour effacer la honte de leurs crimes ; car les Egyptiens croyent qu'il y va de l'honneur de leurs familles, de faire enterrer leurs parens auec splendeur.

Syl. It. l. 3.

Diod. l. 1.

L'on voit que Ioseph pratiqua cette mesme maniere, en faisant embaûmer le corps de Iacob son pere ; & si nous en voulons croire Tacite, les Iuifs apprirent des Egyptiens à enterrer les corps de leurs morts plustost que de les brûler. Sponde lit autrement ce passage, comme si les Iuifs auoient eu de coustume de les embaûmer ; Nous voyons bien qu'ils les lauoient, & qu'ils les graissoient de quelque onguent, comme la veufue de Dorcas le pratiqua. La mesme chose auoit esté long-temps auparauant en vsage chez les Payens, comme on le lit dans Homere lors qu'il parle des funerailles de Patrocle, dans Virgile & dans Ennius parlant de Tarquin.

Tac. lib. 5.

Sponde Coem.

Auec cela il faut confesser que la maniere d'embaûmer les corps qui estoit pratiquée par les Egyptiens, telle que nous la lisons dans Diodore & dans Herodote, n'estoit point en vsage parmy les Iuifs, autrement la sœur du Lazare n'auroit pas eu sujet d'apprehender la mauuaise odeur du corps de son frere trois iours apres qu'il auoit esté enterré. Ceux qui veulent establir le contraire par l'exemple des funerailles d'Asa Roy de Iudée, n'establissent pas leur assertion. Nous lisons bien qu'ils l'enterrerent dans le sepulchre qu'il s'estoit basty dans la ville de Dauid, & qu'on l'auoit estendu sur vn lict qui estoit parfumé d'odeurs agreables, & remply de diuerses sortes d'aromats preparez par ceux qui faisoient profession de cét Art ; qu'en suite ils auoient dressé vn grand bucher : Mais ce buscher dont on parle en cét endroit, est fort contraire à la pratique des Egyptiens que nous venons de lire dans Herodote & dans Diodore ; & ce lict remply d'odeurs a si peu de rapport aux drogues dont ils remplissoient & embaûmoient les corps, que la chose ne merite pas vne plus longue confutation. Pour ce qui est de Ioseph & de Iacob, qui auoient vescu & qui

Voyez ces citations à la fin.

eſtoient morts en Egypte, le texte y eſt clair, & ils furent embaûmez à la maniere des Egyptiens. Ces paſſages s'accordent fort bien auec les traditions d'Herodote & de Diodore, & font voir l'vſage qu'on peut tirer des Autheurs prophanes pour l'intelligence de l'Eſcriture Sainte. Diodore dit que leur couſtume eſtoit de couurir le corps de ſuc, de cedre, & d'autres choſes, l'eſpace de trente iours, & d'y employer apres la myrrhe, & le cinnamon ou canelle, & choſes ſemblables; c'eſt à dire, qu'ils y mettoient les dix autres iours, ainſi ils les embaûmoient en quarante iours; on doit conter ces quarante iours depuis le iour de la mort juſqu'à ce que ceux qui auoient le ſoin de les embaûmer les euſſent remis entre les mains des parens. Le texte de la Sainte Eſcriture porte, que Ioſeph fut mis dans vn coffre; Herodote repreſente bien la choſe, en diſant que les parens receuoient le corps des Embauſmeurs, qu'ils faiſoient faire vn coffre qui auoit la figure d'vn homme, & qu'ils le mettoient dedans. Il y a plus d'apparence qu'il eſtoit de bois, que de marbre, comme Cajetan l'a voulu aſſeurer, contre la couſtume des Egyptiens: outre qu'eſtant de cette matiere, il eſtoit bien plus aiſé à porter dans la terre de Canaan; car les Iſraëlites marchoient ſans Chariots.

Ioſeph commanda à ſes gens de faire embaûmer par ſes Medecins le corps de ſon pere; ce qu'ils firent, ils y employerẽt 40. iours, car l'on en employe autãt à embaûmer vn corps, & les Egyptiẽs le pleurerẽt l'eſpace de 70. iours. Gen 50. 25.

La Tradition des anciens Iuifs confirme ce que ie viens de dire; ils diſent qu'on portoit dans le deſert deux Arches; l'vne de Dieu, & l'autre de Ioſeph; c'eſt à dire l'Arche d'Alliance, & le coffre où eſtoit le corps de Ioſeph. Emir-cond Hiſtorien Perſan dit, qu'on le mit dans vne châſſe faite de verre; mais ie trouue que la pluſpart de ces coffres qu'on trouue dans les Momies, ſont de bois de vray ſicomorre, & j'ay trouué par experience que ce bois a reſiſté juſqu'à cette heure à la pourriture, c'eſt à dire l'eſpace de plus de trois mille ans.

Ioſeph mourut âgé de 110. ans, ils l'embaûmerent & le porterent en Egypte dans vn coffre. Gen. 50. 2.

Ce ſicomorre eſt fort different du nôtre, voyez en la figure dans le liure des Plantes d'Egypte de Proſper Alpinus.

Lors que Ioſeph prit ſerment des enfans d'Iſraël qu'ils retireroiẽt de là ſes os, c'eſt vne maniere de parler figurée; comme auſſi cét endroit de l'Exode qui dit, Moyſe prit auec luy les os de Ioſeph, diſant; Dieu vous viſitera ſans doute, & ie retireray d'icy mes os d'entre vos mains. Car ſon corps ayant eſté embauſmé à la maniere des Egyptiens; non ſeulement ſes os, mais tout ſon corps, à l'exception des inteſtins qu'on jettoit dans le Nil, comme a dit Plutarque, deuoit eſtre demeuré en ſon entier bien plus long-temps qu'il ne s'en eſtoit paſſé, entre le iour de ſa mort & celuy de la ſortie de l'Egypte.

Plutarque. Sapi. Con.

Les Egyptiens ayant ainſi trouué le moyen de rendre leurs corps de tres-longue durée, & de faire par là que l'ame y demeuraſt attachée plus long-tẽps, laquelle autremẽt ſeroit paſſée dãs vn autre corps, ſelon leur opiniõ, d'où Pytagore a pris ſa Metempſicoſe, & qui a ſeruy de fondement à la deffenſe qu'il faiſoit à ſes Diſciples, de ne manger rien qui euſt eu vie, de peur que comme dit plaiſamment Tertullien, qu'en mangeant du bœuf ils ne mangeaſſent leur pere. L'autre ſoin qu'eurent les Egyptiens, fut de dreſſer au corps de leurs morts des Monumens qui peuſſent durer auſſi long-temps que ces corps embauſmez, & où ils les peuſſent conſeruer contre l'injure des hommes & des temps. Ce fut par cette raiſon que les Roys de Thebes, comme dit Diodore, baſtirent en Egypte des Monumens; ce ſont, ce dit-il, les Monumens de ces anciens Roys, dont la magnificence ne pourra iamais eſtre imitée par la poſterité. Dans les ſacrez Commentaires de ces peuples, il eſt fait mention de quarante-ſept de ces Monumens; mais il n'en reſtoit plus que dix-ſept dés le temps de Ptolomeus Lagi; & au temps de la cent dix-huitiéme olympiade que j'eſtois en Egypte, ils eſtoient fort ruïnez. Les Egyptiens ne ſont pas les ſeuls qui en ayent fait mention dans les Commentaires que ie viens de dire. Les Grecs aſſeurent la meſme choſe; ceux-là nommément qui furent à Thebes du temps de Ptolomeus Lagi, & ont écrit l'hiſtoire du pays, entre leſquels Ecateus. Ces tombeaux que vid Strabon proche de Siené, dans la partie ſuperieure de l'Egypte, auoient eſté baſtis pour cette meſme fin. Il dit que paſſant en chariot de Siené, a Philé dans vne grande plaine qui pouuoit auoir enuiron cent ſtades, il auoit veu ſur les deux coſtez du chemin des termes ou tombeaux, c'eſtoit de grãdes pierres polies preſque

Diodore. l. 1.

Strabon. l. 1.

spheriques de ce marbre dur & noir dont on fait les mortiers placées sur vne autre pierre plus grande, & couuertes d'vne troisiéme en quelques endroits; en d'autres elle estoit à costé de la spherique, la plus grande de ces pierres auoit bien douze pieds de diametre.

Long-temps apres la residence des Roys de Thebes, ayant esté transportée à Memphis, & la mesme Religion continuant dans l'esprit des Egyptiens, que l'ame demeuroit auec le corps tant qu'il demeuroit en son entier; non pas pour l'animer, mais pour le seruir & pour le garder, & comme si elle eust eu peine à quitter sa premiere habitation. Il ne faut point douter que l'amour de la gloire n'ait esté leur motif, & n'ait porté les Roys de Memphis à entreprendre ces excessiues dépenses & ces superbes bastimens. Les Egyptiens de moindre condition faisoient la dépense de faire tailler ces caues que nous voyons encore aujourd'huy dans les deserts de Lybie, & que les Chrestiens appellent Momies.

Diodore explique fort particulierement leurs pensées sur ce sujet; les Egyptiens, dit-il, content pour peu de chose le temps de la vie des hommes, qui est limité à peu d'années; mais ils estiment infiniment cette memoire de vertu & de gloire, qui dure dans la posterité; Ils disent que leurs maisons sont des Hostelleries, pource qu'ils y demeurent peu de temps; mais que leurs Sepulchres sont leurs veritables demeures, à cause qu'ils y demeurẽt des espaces infinis de temps: Ils sont peu soigneux par cette raison de bastir de belles maisons; mais ils ne croyent point pouuoir faire trop de dépenses à se dresser des sepulchres.

Si l'on vient à chercher la raison de la figure qu'ils ont donnée à leurs monumens, & celle de ces termes dont parle Strabon, sans m'arrester à ce qu'en a dit l'auteur Anonyme, qui est à la fin de Pierius, & sans me jouër comme luy de la verité, ie croy qu'ils les ont bâty de la sorte, à cause que cette figure de bastiment est fort durable, le haut ne chargeant point le bas comme il arriue aux autres, & la pluye qui ruïne ordinairement les autres bastimens ne la pouuant pas gaster, à cause qu'elle ne s'y arreste pas. Peut-estre aussi qu'ils ont voulu representer par là quelques-vns de leurs Dieux, car l'on sçait qu'en ce temps-là les Egyptiens & les Payens les representoient par des colomnes & des obelisques. Ainsi nous voyons dans Clement Alexandrin, que Callithoé Prestresse de Iunon, mit au haut de la colomne de sa deesse des couronnes & des guirlandes, c'est à dire, comme l'a expliqué Scaliger dans son Eusebe au haut de l'image de sa Deesse; car en ce temps-là les statuës des Dieux auoiẽt la forme de colomnes & d'obelisques.

Clement Alexandrin.

Suidas rapporte que les vns tenoient que les colomnes qui finissent en pointe, ou les Piramides, representoient Apollon; les autres qu'elles estoient faites pour Bacchus, & qu'il y en a eu mesme qui croyoient qu'elles auoient serui indifferemment pour representer l'vn & l'autre de ces dieux. Isidore tient qu'elles estoient dediées au Soleil, que les Egyptiens ont adoré sous le nom d'Osiris, & la Lune sous le nom d'Isis; & que comme Isis estoit representée auec des cornes pour exprimer le croissant de la Lune, les Piramides & les Obelisques representoient leur Osiris ou les rayons du Soleil.

Pausanias dit que dans la ville de Corinthe, Iupiter Melichius estoit representé par vne Pyramide, & Diane par vne colomne; c'est là dessus que Clement Alexandrin appuye sa conjecture, que ç'a esté là la premiere idolâtrie; ce qui s'accorderoit assez bien auec l'antiquité de ces bastimens Egyptiens: ainsi auparauãt que l'art de tailler les statuës eut esté trouué, les hommes dressoient des colomnes, & les adoroient comme les images de leurs Dieux. Les autres Nations ont quelquesfois imité ces bastimens des Egyptiens, & ont dresśé des Pyramides pour leurs Sepulchres. Lors que Seruius explique ce passage de Virgile

——— Fuit ingens monte sub alto
Regis decenni terreno ex aggere bustum
Antiqui laurentis opacaque ilice tectum.

Il dit qu'anciennement les personnes de condition se faisoient enterrer sous des montagnes, & qu'ils se faisoient dresser sur leur Sepulchres des colomnes & des pyramides. C'est peut-estre la raison pour laquelle Absalon fit dresser cette colomne ou ce pilier dont il est parlé dans Samuel chap. 18. & Pausanias lors qu'il décrit les funerailles des Sicyoniens dit, qu'ils couuroient les corps morts de terre, & qu'ils dressoient dessus des colomnes; mais apres auoir décrit les Pyramides d'Egypte, ie ne croy pas qu'il y en ait aucune qui merite qu'on s'y arreste, que celles de Porsenna Roy d'Etrurie, qui meritent plustost d'estre estimées par leur nombre que par leur grosseur. Varron dit qu'il fut enterré au dehors de la ville de Clusium, qu'ils luy dresserent vn monument de pierres quarrées, que chaque costé estoit de trois cens pieds, qu'il en auoit cinquante de hauteur, & qu'au dessous de la base estoit vn labirinthe dont on ne pouuoit sortir; qu'au haut il y auoit cinq Pyramides, quatre sur les angles & vne au milieu; qu'elles auoient soixante & quinze pieds par en bas, & cent cinquante de hauteur; qu'elles finissoient en pointe, & qu'à leur pointe ou sommet il y auoit vn cercle de bronze, à l'entour duquel estoit vne chaîne qui portoit des sonnettes attachées; que le vent donnant dessus, le son s'en faisoit entendre bien loin de là, comme si l'on eust esté dans la forest de Dodonne; que sur cette plaque de cuiure, il y auoit quatre autres Pyramides de cent pieds de haut, lesquels portoient vn second plan qui soustenoit cinq Pyramides, dont il ne dit point la hauteur. Les fables des Etrusques disent, qu'elles estoient aussi hautes que le reste de l'ouurage. Ce Roy chercha de la gloire par cette vanité, sans considerer qu'outre qu'il épuisoit dans ce trauail la richesse de son Royaume, la gloire de l'Architecte, au jugement de la posterité, auroit tousiours esté plus grande que la sienne.

DESCRIPTION DES PYRAMIDES D'EGYPTE, comme ie les trouuay l'an 1048. de l'Hegire, ou l'an 1638. & 1639. de Nostre Seigneur, selon le calcul de Dionysius.

APres auoir rapporté ce que j'ay pû sçauoir des Fondateurs des Pyramides, le temps qu'elles ont esté basties, & à quel vsage elles ont esté destinées, j'en feray icy la Description; ie commenceray en prenant les mesures de la face exterieure de la principale & plus grande des Pyramides, j'examineray apres les dedans, & toutes les differentes diuisions de l'espace qu'elle enferme.

Description de la premiere & de la plus belle des Pyramides. La premiere & la plus belle des trois grandes Pyramides, est située sur le haut d'vne roche qui est dans le desert de sable d'Affrique, à vn quart de lieuë de distance vers l'Oüest des plaines d'Egypte; cette roche s'éleue enuiron cent pieds au dessus du niueau de ces plaines; mais auec vne rampe aisée & facile à monter: la dureté de la roche sert de fondement proportionné à son édifice, outre qu'elle contribuë quelque chose à la beauté & à la majesté de l'ouurage. Chaque costé de cette Pyramide, suiuant la description d'Herodote, a huict cens pieds de longueur; selon Diodore Sicilien, sept cens. Strabon dit qu'elle a quelque chose de moins de six cens pieds de Grece ou six cens vingt-cinq pieds Romains; Pline luy en donne huict cens quatre-vingt-trois; entre toutes ces mesures celle de Diodore, selon mon jugement, approche plus de la verité, & peut seruir en quelque façon pour confirmer la proportion que j'ay donnée en vn autre discours aux mesures de la Grece; car ayant mesuré le costé qui regarde le Nord à l'endroit où elle pose sur sa baze, auec vn excellent instrument de dix pieds de diametre par deux differentes stations, comme les Mathematiciens ont accoustumé de faire dans les distances inaccessibles, ie trouuay qu'il auoit six cens nonante-trois pieds

Herod. l. 2. Diod. l. 1. Strabo l. 17. Pline l. 36. c. 12.

d'Angleterre, c'est à dire vn peu moins que Diodore ne luy en donne. Ie pris d'vne autre maniere la mesure des autres costez, à cause que ie n'auois point de distance commode pour faire la mesme operation que j'auois faite de l'autre costé, & que la campagne estoit inégalement haute de ce costé-là, au lieu que du costé du Nord elle est fort vnie.

Tatiani oratio contra Græcos.

Diogene Laerce dans la vie de Thales liure premier.

Thales Milesius auoit mesuré long-temps auparauant la hauteur de cette Pyramide; il viuoit, si nous en deuons croire Tatianus Assirius, vers la cinquantiéme Olympiade; mais ses obseruations ne se trouuent point: Pline nous rapporte seulement la maniere dont il s'estoit seruy pour ce dessein, qui estoit d'obseruer l'heure à laquelle l'ombre du corps est égale à sa hauteur; methode fort incertaine & sujette à erreur, à cause que l'extremité de l'ombre d'vn corps si haut n'est iamais taillée bien net. Diogenes Laerce, lors qu'il rapporte la vie de Thales, dit la mesme chose, & il la rapporte sur l'authorité de Hieronymus: car selon luy, Thales mesura la Pyramide par son ombre, remarquant l'ombre de la Pyramide lors que les ombres sont égales à leurs corps; mais ie ne m'arresteray point dauantage à ses obseruations par la raison que ie viens de dire. Pour moy, j'ay troué que sa hauteur estoit vn peu moindre que sa largeur à l'endroit de sa base, quoy que Strabon dise le contraire. Pour Diodore, il s'accorde auec mon obseruation, & dit que sa hauteur est moindre que le costé de sa base: enfin, cette hauteur mesurée par la perpendiculaire, est de quatre cens quatre-vingt dix-neuf pieds; mais si nous prenons cette hauteur sur vne ligne qui passeroit du pied jusqu'au haut, & toucheroit les angles de tous les degrez, cette ligne seroit égale au costé de la base de la Pyramide, & elle auroit six cens quatre-vingt treize pieds; c'est par la raison de cette grande hauteur que Stace les appelle les roches hardies des Pyramides. Solin passe outre, les Pyramides, dit-il, sont des tours pointuës en Egypte, qui surpassent toutes les hauteurs que les humains peuuent éleuer: Ammian Marcellin les éleue aussi haut; elles sont plus larges par en bas, par en haut elles finissent en pointe: les Geometres appellent cette figure vne Pyramide, à cause qu'elle finit en pointe comme le feu Properce auec la liberté des Poëtes, les éleue encore plus haut: la dépense des Pyramides éleuées jusques aux Cieux, & les Epigrammes de l'Anthologie ne luy cedẽt point dans le desir de les éleuer. Ie n'examineray point icy d'où ils ont tiré ces opinions qu'ils ont euës de la grandeur de cette Pyramide; mais ie suis asseuré que le clocher de Saint Paul à Londres, auparauant qu'il eust esté brûlé, estoit plus haut que cette Pyramide, quoy qu'il ne fust pas de beaucoup plus haut que la tour qui y est encore auiourd'huy, car il auoit cinq cent vingt pieds de hauteur.

Audacia Saxa Pyramidum.

Cambdeni Elizabetha.

Mais pour auoir vne parfaite connoissance de la grandeur de cette Pyramide, il se faut imaginer vn quarré, & sur chacun de ses costez vn triangle Equisateral; que ces quatre triangles s'inclinent l'vn vers l'autre, jusqu'à ce que leurs sommets se rencontrent en vn point qui est aussi le sommet de la Pyramide; car à la voir d'embas, il semble qu'ils se rencontrent à vn point: le Perimetre ou tour du quarré de la baze aura deux mil sept cens soixante dix-neuf pieds, & toute son aire ou superficie quatre-vingt mil deux cens quarante-neuf pieds; ou pour accommoder la chose à nos mesures, onze arpens de terrain, ou quatre cens quatre-vingt mil deux cens quarante-neuf pieds quarrez. Ce que nous aurions de la peine à croire, si nous n'auions le témoignage des anciens, entre lesquels il y en a qui luy donnent encore plus d'estenduë. Herodote donne à chacun costé du quarré de la base huit cens pieds; & selon ces mesures, l'aire de ce quarré deuroit estre encore plus grande que ie ne la donne icy; car elle seroit de six cens quarante mille pieds quarrez. Selon les mesures de Diodore Sicilien, elle comprendroit quatre cens quatre-vingt dix mille pieds; & suiuant les mesures de Pline, le quarré de huict cens quatre-vingt trois, qui est la mesure qu'il donne à l'vn de ses côtez, seroit sept cens soixante dix-neuf mil six cens quatre-vingt neuf pieds, c'est à dire à dire beaucoup plus qu'Herodote & que Diodore ne luy donnent ; mais il ne faut pas douter que Pline ne se soit trompé, en ne donnant à la base de la Pyramide que huit arpens de terre ; car si nous demeurons d'accord que l'arpent Romain contienne en longueur deux cens quarante pieds, & six vingts en largeur, comme on peut prouuer euidemment par l'authorité de Varron & par celle de Quintilien qui le disent clairement, l'arpent Romain contiendroit vingt-huict mille huict cens pieds Romains ; & si nous diuisons par ce nombre les sept cens soixante & dix-neuf mille six cens quatre-vingt neuf pieds, il en viendra vingt-sept arpens de terre, & la deux mil quatre-vingt neufiéme partie d'vn arpent, qui en contient, comme nous venons de dire, vingt-huict mil huict cens. C'est pourquoy si nous supposions que le nombre qu'il donne de huict mille huict cens quatre-vingt trois, il se seroit trompé dans le calcul de la baze de la Pyramide ; c'est pourquoy ie croy qu'il auoit mis vingt-huict arpens au lieu de huict.

L'on peut monter de tous costez par degrez jusques au haut de la Pyramide ; le premier degré a quatre pieds de hauteur & trois de largeur, il tourne tout au tour de la Pyramide, & est de niueau par tout ; & quand les pierres estoient entieres (car elles sont maintenant vn peu ruïnées) il faisoit vn chemin estroit tout au tour de la Pyramide ; le second degré est semblable au premier, ayant autant de hauteur & de largeur ; mais il est en retraite de trois pieds, & tourne au tour de la Pyramide comme le premier ; le troisiéme est semblable en tout aux premiers, & ainsi des autres qui continuent jusqu'au haut. Le haut de la Pyramide ne finit pas en vn poinct comme la Pyramide Mathematique ; mais en vn petit plan quarré. Herodote en auoit donné les dimensions ; mais elles ne se trouuent point dans ses Liures, & Henry Estienne les voulut suppléer dans le Commentaire qu'il a fait, il veut que ce quarré soit de huict orgies : si nous prenons l'orgie, & que nous l'entendions comme Hesichyus & Suidas l'ont entenduë, c'est à dire, pour l'espace que peuuent comprendre les deux bras quand ils sont estendus, ou pour six pieds, le costé de ce plan qui finit la Pyramide seroit de quarante-huict pieds ; mais la verité est, qu'Henry Estienne qui a voulu corriger en cét endroit l'interpretation de Valla, a besoin luy-mesme de correction ; car il s'est trompé en donnant à ce plan la largeur qu'Herodote donne au Pont admirable qui estoit au bas des Pyramides, & dont il ne reste maintenant aucun vestige : Diodore ne luy donne que neuf pieds, Pline luy donne vingt-cinq pieds de largeur ; *Altitudo* (i'aymerois mieux lire Latitudo) *à cacumine pedes* 25. pour moy, i'ay trouué qu'elle estoit de 13 pieds, & deux cens quatre-vingt parties d'vn pied Anglois diuisé en mille parties. Si nous en voulons croire Proclus, les Egyptiens faisoient leurs obseruations Astronomiques sur le haut de ce plan ou de la Pyramide, & que ce fut là mesme ou fort proche qu'ils obseruerent la canicule, & autrement qu'ils establirent les pedes de leur année caniculaire, l'année Heliaque ou l'année de Dieu, comme Censorinus l'appelle, & qui est composée de 1460. années, dans lequel espace de temps leurs *Thoth vagum* & le *fixum* reuiennent à vn mesme poinct ou commencement.

Procli Commentarij in l. 1. in Triomeum Platonis.
Censorinus de die natali.

Le lieu éleué, ou la roche sur laquelle la Pyramide est fondée, est à la verité fort propre pour faire des obseruations Astronomiques. Le voisinage de Memphis le rendoit aussi fort commode pour ce dessein ; mais on ne doit pas croire le seul rapport de Proclus, cependant qu'on peut prouuer par les passages de tant d'autres Autheurs qu'elles ont esté bâties pour des Sepulchres : y a-t-il apparence de croire que ces Prestres Egyptiens eussent pris la peine de monter si haut, pouuans aussi bien faire leurs obseruations Astronomiques au pied de la Pyramide où ils estoient logez ; car toute l'Egypte n'est qu'vne plaine ; & du haut de cette roche qui est vn peu plus éleuée, ils auoient la veuë du Ciel aussi libre que du haut de la Pyramide : c'est pourquoy Ciceron dit auec beaucoup de verité, *Ægyptij, aut Babylonij, in camporum patentium Æquoribus habitantes, cum ex terra nihil emine-*

ret quod contemplationi cœli officere posset omnem coram in siderum cognitione posuerunt. Le haut de cette Pyramide n'est point composé d'vne seule pierre, ny de trois, comme l'ont dit Villamont & Sands dans les relations de leurs voyages; mais de neuf pierres, sans compter les deux qui manquent à deux des Angles.

Lors que i'y montay, ie mesuray beaucoup de degrez de la Pyramide, ie trouuay qu'ils n'estoient pas tous de la mesme hauteur, il y en auoit quelques-vns qui auoient prés de quatre pieds, & les autres vn peu moins de trois; ceux qui estoient les plus hauts de la Pyramide, n'auoient pas tant de retraite ou largeur que les autres, & leur largeur n'est pas tousiours la mesme; & selon ma coniecture ils ont autant de largeur que de hauteur, & ainsi vne ligne droite qu'on tireroit du bas de la baze iusqu'au haut, toucheroit les angles de tous les degrez.

Les anciens demeurent tous d'accord que l'Egypte est souuent pleine de vapeurs, qui se voyent sensiblement dans les grandes rosées qui arriuent apres l'inondation du Nil, & qui durent l'espace de plus d'vn mois; comme aussi en ce que j'obseruay en Alexaudrie dans le temps de l'Hyuer, plusieurs Estoilles de l'Ourse Majeure qu'on ne void point en Angleterre, & que l'on ne pourroit pas voir en Alexandrie si la refraction n'y estoit plus grande qu'en nostre pays. Ce qui est vne marque que l'air ou *medium* y est plus condensé; mais ie ne sçaurois assez admirer l'antiquité, qui a tousiours dit qu'il ne tomboit point de pluye en Egypte. Platon, quoy qu'il y ait demeuré plusieurs années, dit dans son Thymée qu'il ne tombe point de pluyes sur la terre qui puissent ayder les peines & le trauail de ceux qui l'a cultiuent; Pomponius Mela dit, qu'elle ne laisse pas d'estre fort fertile, quoy qu'il n'y pleuue point. Pour moy, j'ay trouué que dans les mois de Decembre & de Ianuier, il y pleut plus continuellement qu'il ne fait à Londres dans ces temps-là. Les vents estoient Nord Nord-Oüest; ce qui m'obligea d'en tenir vn Iournal, où ie marquois les changemens de l'air & mes autres obseruations Astronomiques; & dans le mesme temps le Sieur Guillaume Paston qui estoit au Caire, obserua la mesme chose; & sur la fin du mois de Mars de la mesme année, estant au lieu où sont les Momnies vn peu en deça des Pyramides en tirant vers le Sud, il y pleut vne journée toute entiere; ainsi il faut que les anciens ayent entendu parler de la partie Superieure de l'Egypte, entre la ville de Thebes & celle de Siené, où sont les catadoupes ou cascades du Nil; car ceux du pays m'asseuroient qu'il y pleuuoit fort rarement: ce qui fait voir que Seneque a esté veritable, lors qu'il a dit que dans la partie qui touche à l'Ethiopie, il n'y pleut point du tout ou fort rarement: mais quand apres il asseure qu'il ne tombe point de nege en Alexandrie, il ne dit pas vray; car j'y ay veu neger pendant vne nuict du mois de Ianuier: les Abyssins que ie trouuay au Caire, m'ont aussi asseuré que plus haut vers le Sud, entre la ligne & le tropique, la pluye y duroit souuent des semaines entieres: Acosta confirme assez cette Relation; car il a obserué dans le Perou, & dans les terres qui sont entre ces mesmes Parallelles, qu'il y pleuuoit fort souuent. C'est là la veritable cause de l'inondation du Nil dans la saison de l'Esté, & qui fait qu'il a plus d'eau dans vn temps auquel toutes les autres riuieres en ont le moins: c'est là la veritable raison de l'inondation du Nil, & non point les raisons qu'en alleguent Herodote, Diodore, Plutarque, Aristides, & Heliodore, & d'autres; les vns l'imputans à la nature particuliere de cette riuiere, les autres aux vents Etesien, qui soufflans contre le cours de l'eau la font refouller; les autres, les neges qui se fondét en Ethiopie, lesquels doiuent estre fort rares dans vn Pays où la chaleur du Soleil noircit le corps de ceux qui l'habitent, où ils font l'argent, comme dit Seneque. Ie trouue dans les Escrits de Diodore, que Agatharchides Cnedius en donne la mesme raison que j'en rapporte icy: mais de son temps il ne fut point crû: Diodore auoit bien approuué son opinion dans son premier Liure; car il dit, Agatharchides a approché plus prés de la verité que les autres, car il dit que tous les ans depuis le Solstice d'Esté jusqu'à l'Equinoxe de l'Automne, il tombe des pluyes continuelles en Ethiopie qui causent les inondations du Nil; & le temps de cette inondation est si certain, que j'ay veu les Astronomes de ce pays là predire long-temps deuant dans leurs Ephemerides, qu'à tel iour d'vn tel mois le Nil doit commencer à hauller.

Ie ne peux pas prendre de tous vne mesure exacte pour le dedans de la Pyramide, il est aussi entier que s'il venoit d'estre fait; mais ces degrez qui sont exposez à la pluye & à l'air en ont esté gastez, tellement qu'on ne les sçauroit monter que par du costé du Sud, ou du costé du Nord vers l'angle qui regarde l'Est.

Herodote dit que ces degrez sont faits en forme d'Autels, car ils sont esleuez les vns sur les autres en forme d'autels; ils sont faits de pierres massiues & bien polies, lesquelles selon Diodore & Herodote, ont esté taillées dans les montagnes d'Arabie qui regardent l'Egypte du costé de l'Oüest au dessus du Delta, comme les montagnes de Lybie l'a terminent du costé de l'Oüest: ces pierres ou marches sont si grandes, qu'vne seule pierre fait toute leur largeur & leur hauteur: Herodote & Pomponius Mela disent, que la moindre de ces pierres à trente pieds; ie demeure d'accord qu'il y en a bien quelques-vnes qui ont cette longueur, mais cela ne se peut pas dire generalement de toutes, si ce n'est que l'on entende des pieds cubiques; car dans ce sens, j'en demeurerois facilement d'accord, y en ayant mesmes beaucoup de celles qui se voyent qui en contiennent dauantage. Les anciens ne nous ont point laissé le nombre de ces degrez; les modernes ne s'accordent point dans le nombre qu'ils en donnent, & j'ay esté par cette raison plus soigneux de les compter auec deux autres personnes qui estoient auec moy; Bellon dit qu'il y en a deux cens cinquante, qu'ils ont quarante-cinq poulces de haut & deux pas de large; Albert de Leuwenstein en compte deux cens soixante, & leur donne à chacun vn pied & demy de hauteur; Iean Helfric deux cens trente: Serlio deux cens dix, ce qu'il dit sur la Relation du Patriarche d'Aquilée qui les auoit mesurez, & que chaque degré a trois palmes & demy de hauteur.

Grimani qui auoit esté Consul des Venitiens en Alexandrie, & fut depuis Cardinal.

Ie ne m'arresteray point icy à rapporter la diuersité des autres Relations, ie diray seulement que j'en ay compté deux cens sept, quoy qu'vn de ceux qui m'accompagnoit en descendant en ait compté deux cens huict.

Il y en a qui disent qu'vne fléche tirée du haut de la Pyramide par le plus habile Archer de la Turquie, retomberoit sur les degrez de la Pyramide: ce que ie ne croy pas aisément; car nos arcs d'Angleterre portent plus de deux cens pas qui font cette distance, & j'ay veu des Turcs percer de leurs fléches des planches de six poulces d'épaisseur; ce qui me fait croire qu'vn arc porteroit encore bien plus loin, ce que rapporte Solin, Ausone, Ammiam Marcelin & Cassiodore, n'est pas plus veritable. Ils disent qu'elle consomme & porte elle-mesme son ombre: ce qui n'est point vray en hyuer; car dans ce temps-là en plein midy, j'y ay remarqué de l'ombre; & quand mesme ie n'aurois pas fait cette remarque, ie n'aurois pas laissé de venir en connoissance de cette verité par les Regles, qui enseignent aux Geometres à connoistre & mesurer les hauteurs des corps par leurs ombres, & les ombres par la hauteur de leur corps. Et comment est-ce que Thales Milesius auroit pû mesurer les Pyramides par leurs ombres, comme Pline & Laerce l'ont écrit, si elles n'en ont point. Pour reconcilier ces Autheurs, & faire dire vray à Solin, Ausone, Ammiam Marcellin & Cassiodore, il faut supposer qu'ils ont entendu que presque durant toute l'année à l'heure du midy elles ne font point d'ombres.

Pietro de la Vallé, dit que celles qu'il fit tirer retomberét sur la Pyramide.

Solin c. 45. Auso edy: 3. Am. l. 22. Cass. var. 7. form. 15.

Description du dedans de la premiere Pyramide.

APres auoir décrit le dehors de la grande Pyramide auec ses dimensions, j'entreprens icy la description du dedans, dont les anciens n'ont point parlé; ce que j'attribuë à la Religion qu'ils auoient pour les Sepulchres, puis qu'elle ne leur permettoit pas d'entrer dans ces Palais de la mort consacrez au silence & au repos des morts: Herodote dit en deux mots, qu'il y auoit au dedans des Pyramides, des voûtes secrettes taillées dans la roche; Diodore Sicilien n'en parle point du tout, quoy qu'il soit souuent trop prolixe dans les choses qui ne sont pas si curieuses. Strabon en dit peu de chose; à 40. stades, ce dit-il, de la ville de Memphis, il y a vne roche sur laquelle ont esté basties les Pyramides, Monumens des Roys anciens; trois de ces Pyramides sont fort remarquables; mais sur tout, deux qu'on met au rang des sept Merueilles du Monde; elles ont quatre stades de hauteur, & chacun de leurs quatre costez a presque autant d'estenduë que toute la Pyramide a de hauteur. L'vne de ces deux Pyramides est vn peu plus grande que l'autre; sur le sommet de la plus grande de ces Pyramides a l'endroit où aboutissent ses quatre costez, il y a vne pierre qui pouuant estre aisément détournée, découure vne entrée qui meine par vne descente à viz jusqu'au tombeau: Pline n'en d'écrit autre chose que le puits qu'on y void encore aujourd'huy, il dit qu'il a quatre-vingt six coudées de profondeur; il semble qu'il ait crû que par quelques conduits sousterrains, on y eust deriué l'eau du Nil. Aristides dans l'oraison intitulée l'Egyptien, dit que le fondement des Pyramides descend aussi bas en terre qu'elles ont de hauteur; en quoy il auoit esté mal informé par les Egyptiens, car elles n'ont point d'autre fondement que la roche; voicy comme il en parle. Nous regardons auec admiration la hauteur des Pyramides, & nous ne songeons

Herod. l. 2. Stra. l. 17. [illegible]

pas que leurs fondemens sont aussi profonds qu'elles sont hautes, comme ie l'ay appris de leurs Prestres. Voila ce que i'ay trouué chez les anciens, & que ie rapporte icy seulement par la veneration qu'on doit auoir pour l'antiquité Les Autheurs Arabes, principalement ceux qui ont entrepris de décrire les choses remarquables d'Egypte, nous en ont donné vne Relation plus particuliere; mais ils ont mélé ce qu'ils en ont dit de tant de fictions, que le peu de verité qui se trouue en leur Relation en est tout à fait obscurcy: ie rapporteray icy la Relatiõ qu'ils estiment la meilleure; la pluspart des Chronologistes demeurent d'accord que ces Piramides ont esté bâties par vn Roy d'Egypte Saurid trois cens ans auant le deluge; que ce Prince ayant eu vne vision que la terre s'estoit renuersée sens dessus dessous, ayans veu les hommes couchez la face contre terre, & les étoiles tomber du Firmament; estant troublé de ce songe il le tint secret. Il vid tomber en suite les estoiles fixes sur la terre en forme d'oyseaux blancs, qui seruoient de guide aux hommes & les conduisoient entre deux grandes montagnes; que les sommets de ces deux montagnes s'estoient approchez, & auoient écrasé ces hommes, que les estoiles cependant estoient deuenuës obscures. Il fut fort estonné de cette vision, il assembla les Prestres de toutes les Prouinces d'Egypte, il les assembla au nombre de cent trente, entre lesquels le plus fameux estoit vn nommé Aclimon; le Prince luy exposa son songe, ils dresserent la figure du Ciel au temps de ce songe; & par le iugement qu'ils en firent, ils conclurent qu'il deuoit arriuer vn grand Deluge: & leur ayant demandé s'il s'estendroit iusqu'en Egypte, ils respondirent qu'oüy, & que le païs couroit risque d'estre abîmé.

Ce passage est traduit de l'Arabe de Iba Abd Alhokm.

Comme cette mauuaise direction deuoit faire son effet quelques années apres, il fit cependant esleuer les Pyramides, & y fit bastir vne cisterne ou conduit sousterrain pour deriuer & destourner le Nil dans la partie d'Egypte qui est vers l'Oüest, & dans vne prouince nommée Alsaida: il remplit ce conduit de Talismans, & mit au dedans de la Pyramide ses tresors: Il y renferma aussi des Recueils de tout ce qu'il auoit appris des plus habiles gens de ce temps-là; entr'autres vn Traitté de la Vertu des pierres pretieuses, les Secrets de l'Astrologie, les demonstrations de la Geometrie, la Physique, & les autres sciences, lesquels liures ne peuuent estre entendus que par ceux qui connoissent leurs carracteres. Il fit apres tailler des pierres & des colonnes d'vne prodigieuse grandeur, les pierres furent apportées d'Æthiopie, il les fit mettre dans les fondemens des trois Pyramides, on les lia les vnes aux autres auec des liens de fer soudez de plomb. L'entrée des Pyramides estoit enterrée & bouchée de terre à la profondeur de 40. coudées. La hauteur des Pyramides estoit de cent coudées de Roy, qui en font cinq cens de ce temps-cy; chaque costé de cette Pyramide auoit cent coudées de Roy; cette fabrique fut commencée sous vn ascendant fauorable: apres les auoir acheuées, il les fit couurir d'vn satin de belle couleur, & y solemnisa vne feste à laquelle tous ses Sujets se rendirent; il bastit apres dans la Pyramide qui est vers l'Occident, trente chambres qui furent remplies de tresors & d'vn grand nombre de pierreries Talismaniques, de machines, toutes sortes d'instrumens & du verre malleable; il y mit toute sorte de Alakakirs, il y en auoit de simples, de doubles, des poisons, & mille autres choses; il fit mettre dans la Pyramide qui est vers l'Est, des spheres, des globes celestes, les estoilles du Ciel auec des écrits sur leur nature & leurs aspects, les parfums dont il estoit à propos de se seruir pour corriger leurs influences; il mit aussi dans la Pyramide qui est colorée les commentaires de ses Prestres, dans des coffres de marbre noir; ces Liures contenoient les secrets de la science de ces Prestres, leur profession, leurs actions, leur temperamment, l'histoire de tout ce qui s'estoit fait en leur temps, & celle de tout ce qui arriuera jusqu'à la fin du monde; il establit dans chaque Pyramide vn Tresorier; celuy de la Pyramide qui est vers l'Occident, estoit vne statuë de marbre noir qui tenoit vne lance, estoit debout, & auoit vn serpent entortillé au tour de sa teste; quand quelqu'vn en approchoit, le serpent se jettoit dessus luy, fai-

Voyez Selden de Diis Syris & Scalig. sur l'Apotelesmaticum Manily.

Alakakirs entre autres significatiõs signifie vne pierre pretieuse, Abulfeda l'a met auec le rubis, & signifie apparãment en cét endroit quelque enchantement graué sur ces pierres.

soit plusieurs tours à l'entour de son col, & retournoit à sa place apres l'auoir tué. Le Tresorier de la Pyramide qui est vers l'Orient, estoit vne idole faite d'vne agathe noire qui auoit les yeux ouuerts & brillans; elle estoit assise dans vn Trône la lance à la main, celuy qui en approchoit entendoit vne voix qui luy ostoit le sentiment, il tomboit à terre, & mouroit presque subitement. Pour Tresorier de la Pyramide colorée, il fit vne statuë d'vne pierre nommée Albut; c'estoit vne figure assise qui attiroit vers elle ceux qui la regardoient, & ils mourroient attachez dessus sans qu'on les en pût separer: les Cophtes écriuent dans leurs Liures, qu'il y a vne inscription sur cette Pyramide qui porte;

Le Roy Saourid a basty les Pyramides en tel & tel temps, il les a acheuées en six ans; que celuy qui viendra apres moy, & qui se croira aussi puissant que i'ay esté, entreprenne de les détruire en 600. ans, quoy qu'il soit plus aisé de démolir vn édifice que de l'eleuer; ie les ay fait couurir de satin, qu'il entreprenne de les couurir de natte.

Apres que le Caliphe Almamon fut entré en Egypte, il eust la curiosité de sçauoir ce qui estoit enfermé dans ces Pyramides; il les voulut ouurir, on luy dit que la chose estoit impossible, il dit qu'il en viendroit à bout; & en effet, le trou qu'on y void aujourd'huy fut fait par son ordre, par le moyen du feu & du vinaigre, & de fers trempez d'vne maniere particuliere dont on se seruit; la dépense en fut fort grande, l'on trouua que la muraille auoit 20. coudées d'épaisseur; & quand ils l'eurent percée, ils trouuerent d'abord vn vaze d'émeraude, dans lequel il y auoit 1000. pieds de monnoye fort pesantes.

Almamoun fit faire le compte de la dépense & de l'argent qu'auoit cousté cette ouuerture, & il se rencontra qu'elle auoit cousté justement autant d'argent qu'ils en auoient trouué dans la Pyramide; ils y trouuerent encore vn puits quarré, & sur chacun de ses costez, des portes qui seruoient d'entrée à des voûtes, où ils trouuerent des corps morts enueloppez dans de la toile, & vers le haut de la Pyramide, ils rencontrerent vne statuë dans vne pierre creuse qui representoit vn homme, & dans cette statuë ils y trouuerent vn corps auec vne plaque d'or enrichie de pierreries & mise sur la poictrine de ce corps, vne épée d'vne valeur inestimable, & sur sa teste vn escarboucle de la grosseur d'vn œuf brillant comme le Soleil; il y auoit sur cette pierre des caracteres écrits à la plume, mais personne n'en sçeut dire l'explication. Depuis qu'Almamoun a fait faire cette ouuerture, plusieurs y sont entrez, entre lesquels il en est mort quelques-vns. Voila ce qu'en disent les Arabes; mais comme cette tradition tient beaucoup de la fable, ie ne m'y arresteray pas dauantage; j'en rapporteray icy la description que j'en ay faite, y estant entré auec dessein de l'obseruer exactement.

Du costé de la Pyramide qui regarde le Nord, apres auoir monté vn petit tertre qui s'éleue au dessus de la campagne de la hauteur de 38. pieds, & qui semble auoir esté fait à la main de terre rapportée: on trouue vn passage estroit & quarré justement au milieu de ce costé de la Pyramide, nous y entrâmes, nous trouuâmes que le chemin qui conduisoit au dedans estoit vn plan incliné, ou descente qui faisoit vn angle de 26. degrez; l'ouuerture est de trois pieds & de 463. parties du pied Anglois, que ie suppose dans toutes ses mesures diuisé en mille parties: pour la longueur, à la prendre de l'endroit où commence la descente, c'est à dire à quelques 10. palmes au dehors de l'ouuerture, jusques à l'extremité de la descente, elle est de 92. pieds & demy, également large par tout, mais de la moitié plus basse vers le bout, qu'elle n'est à l'entrée: Cette entrée marque l'excellence des ouuriers qui y ont trauaillé, la pierre en est extremément polie; elles sont si bien jointes les vnes auec les autres, qu'il est difficile d'en connoistre la separation, Diodore auoit desia fait cette remarque dans tout le corps de la Pyramide. Apres auoir passé par cette ouuerture estroite auec beaucoup de peine; car sur la fin il nous fallut coucher sur le ventre, & nous conduire à la lumiere des torches que nous auions à la main, nous entrâmes en vne place plus large & qui auoit peu d'exaucement, mais qui estoit toute en desordre; car on auoit creusé en diuers endroits par auarice, par curiosité, ou plustost par le commandement d'Almamoun, fameux Caliphe de Babylone; la chose ne merite pas qu'on examine dauantage à laquelle de ces trois causes on doit attribuer ce desordre. I'ay parlé icy seulement de cette place, pour faire voir que ie ne veux rien obmettre; car ce n'est maintenant qu'vne retraite de Chauue-souris, entre lesquelles i'en ay veu qui auoient plus d'vn pied de longueur: cette place obscure a quatre-vingt neuf pieds de longueur, sa hauteur & sa largeur ne sont pas égales par tout, & ne meritent pas qu'on les décriue plus particulierement; à la main gauche de cette place, & tout proche de cette entrée estroite par laquelle nous auions passé, nous trouuâmes vn degré, ou plustost vn gros bloc de pierre qui auoit 8. ou 9. pieds de hauteur, & nous seruit de degré pour entrer dans la premiere allée; cette allée est vn peu inclinée, & panche vers l'entrée; elle est bastie d'vn marbre de beau grain & bien poly, qui paroist aussi net & aussi blanc que de l'albastre quand on en a nettoyé l'ordure qui le couure; la voûte & les costes sont bastis d'vne pierre qui n'est pas si polie ny si dure que celle qui est employée pour le paué de cette allée, comme l'obserua Titoliuio Buratini jeune homme Venitien, fort spirituel, qui estoit en ma compagnie; elle a du moins cinq pieds de largeur, & est aussi haute que large, si ie ne m'y suis point trompé aussi bien que mon compagnon, qui remarqua auec moy quelque irregularité en la largeur de l'allée, la trouuant en des endroits plus large, & en d'autres plus estroite, quoy qu'à la veuë elle parust égalment large: j'ay trouué en mesurant auec vne toise, qu'elle auoit 110. pieds de longueur; à la fin de cette galerie, nous en trouuâmes vne seconde qui ne cede point à la premiere en l'excellence de sa structure, ny en la matiere des pierres qui y sont employées; elles sont separées l'vne de l'autre par vn fossé; apres l'auoir passé, nous trouuâmes vn trou quarré de la mesme grandeur de celuy par lequel nous estions entrez dans la Pyramide, il conduit dans vne autre allée de niueau, & au bout de cette allée sur la main droite est le puits dont Pline a fait mention. Il est rond, & non pas quarré comme les Arabes l'ont descrit: ces murailles ou costez sont de marbre blanc, il a plus de trois pieds de diametre: on y descend en mettant les mains & les pieds dans des trous qui sont faits dans ce marbre, & qui se respondent les vns aux autres. Ces trous estans tous à plomb les vns sous les autres, presque tous les puits & les descentes des cyternes d'Alexandrie sont faites de la sorte, & l'on y descend aisément en s'aidant en mesme temps des pieds & des mains. Ces Citernes sont soustenuës par des doubles Arcades. L'arcade d'enbas porte sur des pilliers de marbre thebaïque, sur le haut desquels sont dressez d'autres pilliers qui portent la derniere & la plus haute Arcade. Ces voûtes & leurs murailles sont enduites par dedans d'vn plastre fort blanc, & d'vne matiere, que ny l'eau, ny l'air ne peuuent gaster. Apres auoir descrit ces Cisternes & ces Puits d'Alexandrie, ie retourneray à celuy de la Pyramide; il a 86. coudées de profondeur, selon le calcul de Pline, & peut-estre qu'il seruoit de passage à ces voûtes secretes & cachées dont Herodote fait mention sans les décrire, & qui auoient esté taillées dans la roche viue qui sert de fondement à la Pyramide: pour moy, ie trouuay qu'il n'auoit que 20. pieds de profondeur. La raison de la difference qui se trouue entre l'obseruation de Pline & la mienne, vient peut-estre de ce que depuis son temps le puits a esté remply d'ordure & de vuidange; en effet, i'y jettay quelque matiere combultible allumée, & ie vis beaucoup d'ordure au fonds.

Buratini est maintenant Maistre de la monnoye du Roy de Pologne, & c'est de luy que l'on vid il y a dix ou douze ans vn modele d'vne machine pour voler.

* L'Anglois dit auec vn niueau.

Cisternes d'Alexãdrie.

Plin. l.36.12.

Nous quittâmes le puits, & aprés auoir marché la distãce de 15. pieds tousiours de niueau, nous trouuâmes vn passage ou ouuerture quarrée, qui répondoit iustement à la premiere, & estoit de la mesme grandeur, les pierres en estoient fort massiues, & exactement iointes: ie ne peux pas dire si les ioints estoient remplis

* De ce marbre Thebaïque, dont j'ay parlé en décriuant les Cisternes d'Alexãdrie.

de cette matiere luisante dont i'en parle en d'escriuant les Cysternes d'Alexandrie. Ce chemin est de niueau, comme i'ay desia dit, à 110. pieds de long, & porte dans vne voûte ou petite chambre dans laquelle ie ne m'arrestay pas beaucoup à cause de sa puanteur & de l'ordure dont elle estoit à demy pleine ; elle n'a guere moins de 20. pieds de longueur & de 10. de large, ses murailles regardent Est & Oüest, elles sont fort entieres & enduittes de stuck, le plancher d'en haut, est composé de grandes pierres qui en s'auançant font vn angle au milieu du costé de l'Est de ce champ ou espace, il semble qu'il y ait eü autrefois vn passage pour entrer dans vn autre ; peut estre que c'estoit le chemin par lequel les Sacrificateurs entroient dans le creux de ces Phinx dont Strabon & Pline, ou Andros Sphincz, comme Herodote l'appelle. Pline luy donne 102. pieds de circuit, à le prendre vers la teste 600. pieds de hauteur & 143. de longueur : Pour moy ie croy que le Sphinx est d'vne seule pierre posée au Sud-Est de la Pyramide dont elle n'est pas fort esloignée. Peut estre aussi que cette ouuerture conduit dans quelque autre appartement; je ne puis rien determiner en cela, & s'il se peut faire mesme qu'elle seruit de niche pour y mettre quelque Idole, ou pour quelque autre ornement qui estoit alors en vsage, & qui nous est maintenant inconnu aussi bien que la raison de ces proportions Bizarres qui se rencontrent dans les passages & parties interieures de la Pyramide ; de là je retournay sur mes pas, & quand ie fus sorty de ce passage estoit quarré, qui est proche du puits, nous grinpasmes pour gagner la seconde gallerie qui montoit selon l'inclination d'vn angle de 26. degrez ; La longueur de cette gallerie depuis le puits iusques à vn retour, est de 154. pieds, mais si nous en prenons la mesure par en bas sur le paué, elle en sera moindre à cause d'vne espace vuide de prés de 15. pieds que nous auons descriptes cy-deuant entre le puits & le trou quarré par laquelle nous grinpasmes.

Et pour refaire la recapitulation de ce que nous auons dit, si nous considerons l'entrée escartée de la Pyramide par laquelle nous descendismes, & la longueur de la premiere & derniere gallerie par lesquelles nous montasmes, qui sont sur vne mesme ligne & conduisent presque au milieu de la Pyramide ; nous pourrons par là aysément rendre raison de cét estrange Echo qui respond 4. ou 5. fois, dont Plutarque a parlé dans son 4. liure des Opinions des Philosophes, mais i'ay trouué que c'estoit plustost la continuation d'vne mesme voix qu'vn Echo, & i'en fis l'experience en faisant tirer vn coup de mousquet à l'entrée de la Pyramide ; car le son ou l'air émeü entrant dedans ces ouuertures comme dans des tuyaux raisonne long temps, s'affoiblissant tousiours à mesure qu'il s'esloignoit du lieu où il auoit commencé : Tout ce Corrido ou allée est basty de grandes pierres de marbre blanc exactement taillées par carreaux, les murailles de la gallerie & le bas estant de mesme matiere & si bien cimentez ensemble, qu'à peine on peut connoistre les ioints, mais si cette iustesse donne de la grace à cét ouurage, elle en rend le chemin plus glissant & plus difficile. Cette gallerie a 26. pieds de haut, 6. pieds & 870 parties d'vn pied de large, auec deux banquettes des deux costez, & vn chemin au milieu qui peut auoir de large 435. pareils d'vn pied ; les banquettes ont vn pied & 717. parties d'vn pied de largeur & autant de hauteur au dessus de ces banquettes à l'endroit de l'angle qu'elles font auec les murailles de la gallerie ; il y a de petits trous des deux costez vis à vis l'vn de l'autre de la forme d'vne figure oblongue, qui semble n'auoit pas esté seulement faits pour seruir d'ornement. Il y a vne chose qui merite d'estre obseruée en la structure de ces pierres qui composent les murailles de l'allée, à cause qu'elle en augmente beaucoup la grace, c'est qu'il n'y en a que 7. assises, tant elles sont grandes & qu'elles posent les vnes sur les autres auec vne auance chacune de 3. poulces ; le lict de dessous de la plus haute de ces pierres excedant le lict de dessus de celle, sur laquelle il pose de cette quantité ; & ainsi du reste à mesure qu'elles descendent. Ce que la figure fera mieux entendre que la description que i'en pourrois faire ; Apres auoir passé ces galleries nous entrasmes dans vne chambre quarrée qui a les mesmes dimensions que cette autre chambre que nous auons desia d'écrite ; elle sert d'entrée à deux petites separations ou antichambres, vous me permettrez de me seruir de ce mot pour expliquer vne chose à laquelle ie n'en ay point trouué de plus propre ; elles sont couuertes d'vn marbre thebaïque fort luisant toutes deux de mesme grandeur, le plancher est de niueau, fait vne figure oblonque, dont vn costé a 7. pieds de longueur sur trois pieds & demy de largeur ; La hauteur est de 10. pieds : sur les costez qui regardent l'Est & Oüest a 2. pieds & demy du haut du plancher qui est vn peu plus large par le haut que par le bas ; il y a 3. cauites faites de cette figure.* Cette antichambre est separée de la premiere par vne pierre de marbre rouge iaspé, laquelle est posée dans deux encastremens faits dans les murailles comme les portes d'vne escluse ; il s'en faut trois pieds qu'elle ne descende iusques sur le paué de l'antichambre, & deux pieds qu'elle ne touche en haut ; Au sortir de cette antichãbre nous entrasmes dans vne ouuerture quarrée, dãs laquelle j'y vis cinq lires paralles de plomb, comme la figure suiuante le represente grauées dans les murailles. C'est-là la seule sculpture & la graueure que i'ay remarquée en toute la Pyramide, m'estonnant beaucoup de ce que les Arabes ont escrit des Hieroglyfiques qui contenoient les secrets de toutes les sciences, & ie ne sçay pas aussi sur quelle authorité Dion, ou plustost Xiphilinus, qui en a fait l'Abregé, rapporte que Cornelius Galuianus que Strabon nõme plus à propos Ælius Gallus qu'il auoit suiuy en Egypte comme son compagnon, auoit graué sur ces Pyramides ses victoires, si ce n'est qu'il l'ait fait sur des Pyramides qui ne se voyent plus ; Ce passage quarré est de la mesme ouuerture & dimension que le reste ; il à 9. pieds de longueur, & est de marbre thebaïque exactement taillé ; il conduit à l'extremité qui regarde le Nort, d'vne salle magnifique & bien proportionnée ; la distance du bout de la seconde gallerie iusques à cette entrée est de 24. pieds ; le chemin qui y mene est de niueau. Cette chambre est au milieu de la baze de la Pyramide & quasi égallement distante de son sommet & de la baze. Le paué, les murailles & le haut de cette salle sont de carreaux d'vn marbre thebaïque extremement bien taillez, luisant & poly, mais la fumée des torches qu'on y a apportées en cache & en ternit l'esclat. Six assises de pierres égalles des deux costez font toute la hauteur de ses murailles ; elles sont toutes d'égale hauteur & regnent tout autour de cette salle ; les pierres qui la couurent par en haut sont d'vne grande portée ; elles trauersent d'vne muraille à l'autre, & cependant quoy qu'elles ayent cette grande portée cõme autant de grandes poultres, elles semblent estre chargées de tout le faix de la Pyramide qui pese de suite neuf de ces pierres, la couurent toute entiere ; il y en a deux qui sont moins larges que les autres ; l'vne au bout du costé de l'Est, & l'autre à celuy de l'Oüest ; la longueur de cette chambre du costé qui regardent le Sud est de trente quatre pieds Anglois, & de la trois cens quatre-vingtiéme partie d'vn pied diuisé en mille parties (c'est à dire trente-quatre pieds, & de la trois cens vingt-quatriéme partie d'vn pied) : ie l'ay prise du ioint de la premiere assise au ioint de l'autre muraille qui le regarde ; sa longueur du costé du Couchant à l'endroit du ioint de la premiere assise est de dix-sept pieds, & de cent nonante parties d'vn pied diuisé en mille (c'est à dire 17. pieds, & 190. des mille parties esquelles i'ay diuisé le pied.) Mais la hauteur de cette salle est de 19. pieds, comme estant vn superbe Monument est le tombeau de Cheops, ou Chemis ; il est fait d'vne seule pierre de marbre ouuert par en haut & sonne comme vne cloche : ce que ie ne rapporte pas comme beaucoup d'autres ont fait comme vne rareté de l'art ou de la Nature : car i'ay obserué la mesme chose aux autres tombeaux de marbres.

* *Voyez la figure, numero II.*

Voyez la figure, numero III.

Pensée de Greaues d'establir vne mesure fixe.

I'ay mesuré ces proportions de la chambre & celle de la longueur & de la largeur de la partie inferieure de la tombe auec le plus d'exactitude qu'il m'a esté possible, ce que i'ay fait auec d'autant plus de diligence que i'ay creü que c'estoit là l'endroit le plus propre pour establir vne mesure qui puisse seruir à la posterité pour sçauoir exactement celles de ce temps cy. Chose qui a tousiours esté fort desirée par les gens sçauans, mais pas vn que ie sçache n'a pensé à la maniere de l'executer ; ie consideray qu'il y a au moins 3000. ans que cette Pyramide a esté bastie, & que cependant il n'y a rien que de fort entier en cét endroit, tellement qu'on doit presumer qu'elle

a encore

de cette matiere luisante dont j'ay parlé en décriuant les Cysternes d'Alexandre. Ce che min est de niueau, comme j'ay desia dit, à 110. pieds de long, & porte dans vne voûte ou petite chambre dans laquelle ie ne m'arrestay pas beaucoup à cause de sa puanteur & de l'ordure dont elle estoit à demy pleine; elle n'a guere moins de 20. pieds de longueur & de 10. de large, ses murailles regardent Est & Oüest, elles sont fort entieres & enduites de stuck, le plancher d'en-haut est composé de grandes pierres qui en s'auançant font vn angle au milieu; du costé de l'Est de cette chambre ou espace, il semble qu'il y ait eu autrefois vn passage; peut-estre que c'estoit le chemin par lequel les Sacrificateurs entroient dans le creux de ce Sphinx, de Strabon & de Pline, ou Andro-Sphinx, comme Herodote l'appelle. Pline luy donne 102. pieds de circuit, à les prendre vers la teste; 600. pieds de hauteur & 143. de largeur: Pour moy, ie trouue que le Sphinx est d'vne seule pierre posée au Sud-Est de la Pyramide dont il n'est pas fort éloigné. Peut-estre aussi que cette ouuerture conduit dans quelque autre Appartement; ie ne puis rien determiner en cela, & il se peut faire mesme qu'elle seruit de niche pour y mettre quelque Idole, ou pour quelque autre ornement qui estoit alors en vsage, & qui nous est maintenant inconnu aussi bien que la raison de ces proportions Bizarres qui se rencontrent dans les passages & parties interieures de la Pyramide; de là ie retournay sur mes pas, & quand ie fus sorty de ce passage estroit & quarré, qui est proche du puits, nous grinpâmes pour gagner la seconde gallerie qui montoit selon l'inclination d'vn angle de 26. degrez; La longueur de cette gallerie depuis le puits jusques à vn retour, est de 154. pieds; mais si nous en prenons la mesure par en bas sur le paué, elle sera moindre, à cause d'vne espace vuide d'enuiron 15. pieds que nous auons décrite cy-deuant entre le puits & l'endroit de la gallerie par où nous commençâmes à monter.

Et pour faire quelque reflexion sur ce que nous auons dit, si nous considerons l'entrée quarrée de la Pyramide par laquelle nous descendîmes, & la longueur de la premiere & deuxiéme gallerie ou allée, qui sont toutes deux sur vne mesme ligne, & conduisent presque au milieu de la Pyramide; nous pourrons par là rendre aysément raison de cét estrange Echo qui répond 4. ou 5. fois, dont Plutarque a parlé dans son 4. liure des Opinions des Philosophes, mais ie trouuay que c'estoit plustost la continuation d'vn mesme bruit qu'vn Echo, & j'en fis l'experience en faisant tirer vn coup de mousquet à l'entrée de la Pyramide; car le bruit ou l'air émû entrant dedans ces ouuertures comme dans des tuyaux, resonne longtemps, s'affoiblissant tousiours à mesure qu'il s'éloignoit du lieu où il auoit commencé: Tout ce Corridor ou allée est bastie de grandes pierres de marbre blanc exactement taillées par carreaux, les murailles de la gallerie & le bas estant de mesme matiere & si bien cimentez ensemble, qu'à peine on peut connoistre les joints; mais si cette justesse donne de la grace à l'ouurage, elle en rend le chemin plus glissant & plus difficile. Cette gallerie a 26. pieds de haut, 6. pieds & 870. parties d'vn pied de large, auec deux bâcquettes des deux costez, & vn chemin au milieu qui peut auoir de large 435. parties d'vn pied; les bancquettes ont vn pied & 717. parties d'vn pied de largeur & autant de hauteur; au dessus de ces bancquettes à l'endroit de l'angle qu'elles font auec les murailles de la gallerie, il y a de petits trous des deux costez vis-à-vis l'vn de l'autre de la forme d'vne figure oblongue, qui semblẽt n'auoir pas esté seulement faits pour seruir d'ornemẽt. Il y a vne chose qui merite d'estre obseruée en la structure de ces pierres qui composent les murailles de l'allée, à cause qu'elle en augmente beaucoup la grace, c'est qu'il n'y en a que 7. assises, tant elles sont grandes & qu'elles posent les vnes sur les autres auec vne auance chacune de 3. poulces; le lict de dessous de la plus haute de ces pierres excedant le lict de dessus de celle, sur laquelle il pose de cette quantité; & ainsi du reste à mesure qu'elles descendent. Ce que la figure fera mieux entendre que la description que i'en pourrois faire: Apres auoir passé ces galleries, nous trouuâmes vn autre passage quarré qui a les mesmes dimensions que cét autre passage que nous auons desia décrit; il sert d'entrée à deux petites separatiõs ou antichambres, vous me permettrez de me seruir de ce mot pour expliquer vne chose à laquelle ie n'en ay point trouué de plus propre; elles sont couuertes d'vn marbre thebaïque fort luisant, toutes deux de mesme grandeur; le plancher est de niueau, fait vne figure oblongue, dont vn costé a 7. pieds de longueur sur trois pieds & demy de largeur: La hauteur est de 10. pieds; sur le costé qui regarde l'Est & l'Oüest a 2. pieds & demy du haut du plancher qui est vn peu plus large par le haut que par le bas; il y a 3. cauités faites de cette figure.* Cette antichambre est separée de la premiere par vne pierre de marbre rouge jaspé, laquelle pose dans deux encastremens pratiquez dans les murailles, comme on les fait pour les portes d'vne escluse; il s'en faut trois pieds qu'elle ne descende jusques sur le paué de l'antichambre, & deux pieds qu'elle ne touche au haut. Au sortir de cette antichambre, nous entrâmes par vne ouuerture quarrée, au dessus de laquelle ie vis cinq lignes parallelles & à plõb en relief sur la muraille. C'est là la seule sculpture & la seule graueure que i'ay remarquée en toute la Pyramide, m'estonnant beaucoup de ce que les Arabes ont écrit des Hieroglyfiques qui contenoient les secrets de toutes les sciences, & ie ne sçay pas aussi sur quelle authorité Dion, ou plustost Xiphilinus, qui en a fait l'Abregé, rapporte que Cornelius Gallus que Strabon nomme plus à propos Ælius Gallus, & qu'il auoit suiuy en Egypte comme son camarade, auoit graué sur ces Pyramides ses victoires, si ce n'est qu'il l'ait fait sur des Pyramides qui ne se voyent plus; Ce passage quarré est de la mesme ouuerture & dimension que l'autre; il a neuf pieds de longueur, & est de marbre thebaïque exactement taillé: il conduit à l'extremité qui regarde le Nort, d'vne salle magnifique & bien proportionnée: la distance du bout de la secõde gallerie jusques à cette entrée, est de 24. pieds, le chemin qui y mene est de niueau. Cette chambre est au milieu de la baze de la Pyramide, & quasi également distante de son sommet & de la baze. Le paué, les murailles, & le haut de cette salle sont de carreaux d'vn marbre thebaïque extremement bien taillez, luisant & poly, mais la fumée des torches qu'on y porte, en ternit l'esclat. Six assises de pierres égalles des deux costez font toute la hauteur de ses murailles; elles sont toutes d'égale hauteur, & regnent tout autour de cette salle: les pierres qui la couurent par en haut sont d'vne grande portée; car elles trauersent d'vne muraille à l'autre, & cependant quoy qu'elles ayent cette grande portée comme autant de grandes poultres, elles semblent estre chargées de tout le faix de la Pyramide qui pese dessus ces neuf pierres, & couurent toute la chambre: Il y en a deux qui sont moins larges que les autres; l'vne au bout du costé de l'Est, & l'autre à celuy de l'Oüest: la longueur de cette chambre du costé qui regarde le Sud, est de 34. pieds Anglois, & de la 380. partie d'vn pied diuisé en mille parties (c'est à dire trente-quatre pieds, & de la trois cens quatre-vingtiéme partie d'vn pied:) ie l'ay prise exactement à l'endroit du joint de la premiere & seconde assise; sa longueur du costé du Couchant à l'endroit du joint de la premiere assise, est de dix-sept pieds, & de cent nonante parties d'vn pied diuisé en mille (c'est à dire 17. pieds, & 190. des mille parties esquelles i'ay diuisé le pied.) Mais la hauteur de cette salle est de 19. pieds: dans cette chambre comme dans vn superbe Monument, est le tõbeau de Cheops, ou de Chemis; il est fait d'vne seule pierre de marbre, ouuert par en haut, & sonne comme vne cloche: ce que ie ne rapporte pas comme beaucoup d'autres ont fait, comme vne rareté de l'art ou de la Nature: car i'ay obserué la mesme chose aux autres tombeaux de marbre.

** Voyez la figure, numero II.*

Voyez la figure, numero III.

Pensée de Greaues d'establir vne mesure fixe.

I'ay mesuré ces proportions de la chambre, & celle de la longueur & de la largeur de la partie interieure du tombeau auec le plus d'exactitude qu'il m'a esté possible, ce que i'ay fait auec d'autant plus de diligence, que i'ay creû que c'estoit là l'endroit le plus propre pour establir vne mesure qui puisse seruir à la posterité pour sçauoir exactement celles de ce temps-cy. Chose qui a tousiours esté fort desiree par les gens sçauans, mais pas vn que ie sçache n'a pensé à la maniere de l'executer; ie consideray qu'il y a au moins 3000. ans que cette Pyramide est bastie, & que cependant il n'y a rien que de fort entier en cét endroit, tellement qu'on doit presumer qu'elle

a encore

doit durer encore plusieurs milliers d'années, & qu'ainsi ayant mesuré les choses qui s'y voyent, la posterité y pourra non seulement trouuer les mesures du pied Anglois, mais aussi les mesures dont les plus fameuses Nations se seruent maintenant, que i'ay pris auec grande iustesse sur les originaux, & que i'ay comparé apres estant de retour en Angleterre auec nos mesures; si quelqu'vn des anciens Mathematiciens eut eü cette pensée, les Sçauans de ce temps-cy ne seroient pas si empeschez qu'ils sont à trouuer les mesures des Iuifs, des Babyloniens, des Egyptiens, des Grecs & des autres Nations. Si l'on diuise le pied Anglois en 1000. parties; Le pied Romain qui se void sur le monument de Cossutius que les Escriuains appellent Pes Cossutianus en contiendra 967.

Le pied de Paris mil soixante & huit.
Le pied d'Espaigne neuf cens vingt.
Le pied de Venise mil soixante deux.
Le pied de Rhein-land, ou celuy dont s'est seruy Snellius, mil trente-trois.
La brasse de Florence mil neuf cens treize.
La brasse de Naples, deux mil cent.
Le derab au Caire mil huit cens vingt-quatre.
Le pic de Turquie à Constantinople deux mil deux cens, i'entens le plus grand.

b Les obseruations de Bellon confirment ce que ie viens de dire, quand il décrit la pierre d'où Moyse fit sortir de l'eau: c'est, ce dit-il, vne grosse pierre massiue, droicte, de mesme grain & couleur que la pierre thebaïque.

c Le Fust de cette Colonne d'Alexandrie à l'endroit où il est ioint à sa baze, a vingt-quatre pieds Anglois de circonference; celles de Rome n'en ont que 15. & 3. poulces. Sur ces proportions & en suiuant les regles d'Architecture que nous auons dans Vitruue, le Lecteur pourra supputer les vrayes dimensions des Colonnes qui sont au Portique du Pantheon & de celle d'Alexandrie; qui sont, selon mon calcul, les plus magnifiques Colonnes qui ayent iamais esté faites d'vne seule pierre.

Quelqu'vn peut estre s'ennuyera de ce que i'exprime ainsi ces nombres, ie m'en iustifieray, me seruant de l'exẽple d'Vlug Beg, neueu du Grand Tamurlan Empereur des Mogols ou Tartares, que nous auõs tort d'appeller Barbares; car ie trouue en ces Tables Astronomiques, les plus exactes qui ayent iamais esté faites en Orient il y a plus de deux cens ans, qu'il obserue la mesme chose lors qu'il a eü à parler de l'Epoque, des Grecs, des Arabes, des Persans, & des Gelaleans, comme aussi de ceux du Cathay & du Turquestan; il exprime au long ces nombres, cõme i'ay fait, puis les exprime vne seconde fois par des chiffres que nous appellons Arabes, à cause que nous les auons receus de ces peuples, mais les Arabes reconnoissent qu'ils les ont receus des Indiens, & les appellent figures Indiennes, & enfin il les rend apres de nouueau en des Tables particulieres; i'ay creu que cette maniere meritoit d'estre imitée dans les nombres Radicaux, & qui seruent à d'autres choses qu'à l'vsage ordinaire; car si on ne les auoit exprimées qu'vne fois, il pourroit aysément par la negligence des Copistes, s'y glisser quelque faute, & on seroit en peine de sçauoir auquel des deux nombres il faudroit s'arrester, mais estant exprimés trois fois, c'est vn grand hazard si deux ne se rencontrent les mesmes, & ce rapport seruiroit à connoistre l'erreur du troisiéme.

Il y en a qui disent que son corps en a esté tiré: Diodore qui viuoit il y a plus de 1600. ans, à vn passage fort remarquable sur le suiet de ce Chemis Fondateur de cette Pyramide, & de Cephren qui fit bastir celle qui est toute proche; quoy que, ce dit-il, ces Roys eussent fait bastir ces Pyramides pour en faire leur sepulchre, il est vray neantmoins que pas vn d'eux n'y a esté enterré: car le peuple s'estant reuolté contre eux à cause de l'oppression qu'il auoit souffert en les bastissant, les menacerent de mettre vn iour en piece leurs cadavres, & de les tirer de leurs sepulchres; ce qui les obligea de recommander en mourant à leurs amis de les enterrer dans quelque lieu inconnu au peuple. Le tombeau & la salle sont d'vne mesme matiere; i'en rompis vn morceau, & y trouuay que cette sorte de marbre auoit des taches blanches, rouges & noires, & également meslées ensemble; quelques-vns l'appellent marbre thebaïque; pour moy ie croy que c'est cette sorte de Porphyre que Pline décrit sous le nom de Leucostychtos, ou marbre rouge iaspé de blanc. Il y auoit, & il y a encore auiourd'huy en Egypte beaucoup de Colonnes de ce marbre. Vn Venitien qui estoit auec moy s'imagine qu'il a esté tiré du Mont Sinaï, *b* où il a vescu long temps, & pour me le persuader il me disoit qu'il auoit veu dãs ces mõtagnes vne Colõne à demy taillée aussi grande que celle d'Alexandrie, *c* qui est bien quatre fois aussi grande, selon la mesure que i'en ay prise, que les Colonnes du Portique de la Rotunde de Rome, ce marbre est de mesme couleur que celuy du monument, & semblable à celuy des Obelisques qu'on void à Rome. Son opinion s'accorde bien auec la relation d'Aristides, qui dit qu'en Arabie il y a vne carriere de beau Porphyre. La figure de cette tombe ressemble à deux cubes ioints ensemble, & creusez par dedans; elle est vnie, sans aucune graueure ny relief; sa superficie exterieure a 7. pieds 3. poulces & demy de longueur: Bellon luy en donne 12. & Monsieur de Bréues 9. mais ils la font plus grande qu'elle n'est; elle a 3. pieds 3. poulces, & $\frac{3}{4}$ de poulces de profondeur & autant de largeur. La face interieure du costé de l'Oüest a six pieds, & quatre cens quatre vingt-huit parties du pied Anglois [d] c'est à dire 6. pieds & 488. parties du pied Anglois diuisé en mille parties ; sa largeur du costé du Nord-Est est de deux pieds , & de deux cens dix-huit parties du pied Anglois. [d] La profondeur est de deux pieds, & huit cens soixante parties du pied Anglois ; petite espace à la verité, mais assés grande pour loger le corps du plus puissant Monarque du monde : ie pourrois tirer vne induction de ces mesures, & des Mommies que i'ay mesurées en Egypte, & faire voir par-là que les hommes ne diminuent pas de taille comme plusieurs l'ont asseuré, & que ceux de ce temps-cy sont aussi grands que ceux qui viuoient il y a trois mil ans ; quoy que Saint Augustin soit d'autre opinion, & que Solon ait dit il y a desia long-temps, les hommes d'auiourd'huy ne sont-ils pas plus petits que leurs ancestres. On pourroit demander auec raison, comment on a peu faire entrer ce tombeau en ce lieu ; les chemins qui y conduisent estant si estroits, ce qui me fait croire qu'on l'a esleué auec quelque machine, & qu'on l'a descendu par en haut auparauant que le plancher de la chambre fust fermé ; il regarde exactement le Nort & le Midy, également distant de tous les costez de la chambre, si ce n'est de celuy de l'Est, duquel il est asseurément plus esloigné que de l'Oüest. Ie vis au dessous de ce Tombeau vn endroit où on auoit creusé, & vne des grandes pierres qui font le paué, qui auoit esté tirée d'vn des coins du Tombeau. Sand se trompe qui dit qu'il y auoit là vn passage pour entrer dans l'autre chambre ; ce trou apparamment ayant esté fait par quelqu'vn qui a creu qu'il y auoit là quelque tresor caché. C'estoit la coustume des anciens d'en mettre dans leurs tõbeaux : ce qui se pratique encore auiourd'huy dans les Indes Orientales. La mesme chose estoit en pratique au temps de Salomon. Ioseph descrit de cette maniere les funerailles du Roy Dauid ; son fils Salomon, ce dit-il, le fit enterrer magnifiquement dans Ierusalem, & outre les solemnitez qui se pratiquent d'ordinaire aux enterremens des Roys, il mit encore dans son monument de grandes richesses, tellement que le Grand Prestre Hircanus se voyant assiegé par Antiochus fils de Demetrius, en tira 3000. talens qui furent trouuez dans vne des voutes de ce tombeau, & les donna à ce Romain pour luy faire leuer le siege, comme ie l'ay dit ailleurs. Herode long-temps apres fit ouurir vne autre voute où il trouua aussi beaucoup de richesses ; mais ny l'vn ny l'autre ne trouua point la biere où estoit le corps du Roy Dauid, car elle auoit esté cachée auec beaucoup de soin, comme si on auoit apprehendé dés lors les diligences de ceux qui sont entrez depuis dans ce sepulchre.

Aug. de ciu. li. 15. c. 9.

Ios. li. 7. Antiq.

Le Lecteur excusera ma curiosité lors qu'il verra que pour ne rien obmettre, ie me suis arresté à descrire icy deux ouuertures à l'opposite l'vne de l'autre, l'vne au costé du Nord, l'autre à celuy du Sud de cette Chambre : l'ouuerture qui est au costé qui regarde le Nord, a de largeur 700. parties du pied Anglois, & 400. de hauteur. La pierre y est taillée fort soigneusement, & elle entre de la lõgueur de six pieds & dauantage dans l'espaisseur du mur : celle qui est au costé du Sud, est plus large, & approche de la figure ronde, & n'est pas si profonde que celle que ie viens de descrire : la noirceur qu'on y remarque fait croire qu'on y aye mis autrefois des lãpes allumées. Burratini croid qu'il y auoit quelques-vnes de ces lampes perpetuelles qui furent trouuées en Italie dans le tombeau de Tulliola, & en Angleterre aussi, si Camden ne s'est point trompé ; pour moy ie ne croy pas l'inuention si ancienne que ces Pyramydes, tousiours faut-il auoüer qu'elle est fort belle, & que c'est vne pitié que la negligence des Escriuains ayt laissé perdre vne si belle chose : si Pline l'eust connuë il n'eust pas manqué de la descrire, & sa diligence eut esté bien mieux employée qu'elle ne l'a esté à descrire le *linum asbestinum*, où la thoille qui ne se brusle point, faite, cõme quelques-vns asseurẽt, de certaines pierres de l'Isle de Chipre, que i'ay veu souuent dans mes voyages, quoy que Saumese vueille dans ses Exercitations sur Solin, que le vray *asbesti-*

num eſtoit le *linum viuum*, ou le *linum Indicum*. Pancirole met l'art de faire ces thoiles entre les choſes perduës, mais il eſt encore de beaucoup inferieur à celuy des lampes que nous venons de dire, qui pourroient eſtre d'vn grand vſage. Pancir. l. 4.

Ie finiray donc icy la Deſcription du dedans de cette Pyramide que i'ay acheuée ſans auoir eu aucune lumiere pour l'examiner, ny des anciens Autheurs, ny des Voyageurs de ce temps; au ſortir ie trouuay mon Ianiſſaire & vn Capitaine Anglois fort impatient d'auoir eſté 3. heures à m'attendre dehors, fort perſuadé que tout ce qu'il n'entendoit point eſtoit vne impertinente & vaine curioſité.

Herué premier Medecin du Roy d'Angleterre.

Herué s'eſtonnoit que i'euſſe pû demeurer ſi long-temps auec ceux de ma compagnie dans cette Pyramide; car, ce diſoit-il, nous ne pouuons point reſpirer deux fois le meſme air, que nous n'en ſoyons incommodez, il en faut touſiours de nouueau pour la reſpiration, & nous ſuççons de l'air, à chaque fois que nous reſpirons, ce qu'il a de propre pour noſtre nature, & eſtans dans vn lieu fermé nous deuions auoir bien-toſt épuiſé cét air, & concluoit de là qu'il falloit qu'il y euſt quelque ouuerture par laquelle l'air libre peuſt entrer dans cette cauité: ma reſponſe fut, qu'on pouuoit douter ſi le meſme air ne pouuoit pas eſtre reſpiré plus d'vne fois, & ſi ce ſuc ou nourriture qu'il ſuppoſoit eſtre dans l'air, eſtoit conſumé à chaque reſpiration, puis que nous voyons que ceux qui ſe plongent dans la mer Mediterranée pour en tirer les eſponges, dans la mer rouge & dans le golphe Perſique pour peſcher des perles, demeurent prés d'vne demie heure ſous l'eau, & qu'ainſi ils reſpirent pluſieurs fois le meſme air: il me repliqua qu'ils le faiſoient auec le ſecours des éponges remplies d'huile qui corrigeoient & nourriſſoiẽt l'air. Que cette huile eſtant vne fois éuaporée ils ne pouuoiẽt pas viure long-temps, mais eſtoient obligez de remonter en haut. Ie repliquay qu'il ſe pouuoit faire que cét air remply de la ſuye qui ſort de noſtre corps auec la reſpiration, pouuoit paſſer au trauers de ces galeries par leſquelles nous eſtions venus, & de là auoir communication auec l'air libre par la meſme ouuerture par où nous eſtions entrez. Ie luy en apportay cét exemple: Au Deſtroit de Gibraltar il y en a beaucoup qui diſent qu'il y a vn courant d'eau qui y entre du coſté de l'Europe, & qui reuient apres en ſuiuant la coſte d'Afrique, de meſmes qu'en ce Paſſage qui n'a pas plus de trois pieds de largeur, l'air libre pouuoit entrer d'vn coſté & ſe retirer de l'autre, & qu'ainſi celuy que nous auions reſpiré ne reuenoit point, non plus que les eaux du Roſne ne ſe meſlent point auec celles du Lac de Geneue, au trauers duquel elles paſſẽt; car on n'a point trouué qu'il y euſt d'autre ouuerture en céte châbre. Il me repliqua qu'elle pourroit eſtre ſi petite qu'on ne l'auroit pas pû apperceuoir, & que cependant elle auroit eſté ſuffiſante pour donner paſſage à l'air, qui eſt vn corps fort ſubtil. Ie luy reſpondis qu'eſtant ſi petite, elle auroit eſté bien-toſt bouchée par ces ſables que les vents font voler en ce Païs-là, & qui bouchent ſouuent meſme l'entrée de la Pyramide, en ſorte qu'on ne la void point. On pourroit appeller ces ſables la pluye des Deſerts: Nous fuſmes obligez d'employer des Mores pour en déboucher l'entrée, mais pour moy ie ne ſuis pas ſatisfait de l'opinion de ceux qui veulent qu'au Deſtroit de Gibraltar la mer entre d'vn coſté & ſorte de l'autre; car i'ay paſſé deux fois ce Deſtroit, & n'y ay rien remarqué de ſemblable; i'ay bien obſerué que l'eau y entre, mais non point qu'elle en reſſorte: ie m'informay d'vn Capitaine qui commandoit vn des ſix vaiſſeaux qui compoſoient noſtre Flotte, cét homme fort intelligent, & qui auoit fait ſouuent ce voyage auec les Pyrates d'Algier, me diſoit qu'il n'auoit iamais obſerué que l'eau ſortiſt du coſté de la Coſte d'Afrique, & que ſi ces Pyrates ſuiuoient ordinairement la Coſte d'Afrique pour entrer dans l'Ocean, ce n'eſtoit pas pour ſuiure le courant de l'eau, mais pour éuiter les vaiſſeaux Chreſtiens & ceux du Port de Gibraltar, qui les auroient pû ſurprendre au Paſſage: Pour moy quand ie ſonge à la quantité d'eau qui entre par ce Deſtroit, & à l'impetuoſité du courant auec laquelle l'eau du Pont-Euxin entre dans la Mer Mediterranée, & que i'y adiouſte la grande quantité d'eau que les riuieres y apportẽt, ie ne puis m'empeſcher de croire que la mer Mediterranée ou le pot de chambre, comme les Arabes l'appelient, à cauſe de ſa figure, en deuroit auoir eſté remplie il y a long-temps, & inondé toutes les plaines d'Egypte, & que de ce qu'elle ne l'a pas fait, on en doit tirer vne conſequence que la terre eſt pleine de tuyaux, & qu'il y a communication du fonds d'vne Mer à l'autre. Ce qu'eſtant accordé, on n'aura point de peine à conceuoir pourquoy la mer Mediterranée ne hauſſe point, ny la mer Caſpienne, quoy que ces Mers n'ayent point de communication viſible auec les autres, pourquoy elle eſt touſiours ſallée, & qu'elle ne ſurmonte point ſes bornes, nonobſtant la grande quantité d'eau que le Volga & les autres riuieres y portent; & ce qui me donna ſuiet à cette penſée, fut qu'eſtans en la latitude de 41. deg. & en long. 12. ayant mis à bout l'vne de l'autre les cordes des ſondes de ſix vaiſſeaux, & qu'ayant ietté vne ſonde qui peſoit bien 20. liures vn iour qu'il faiſoit grand calme, gouuernant en ſorte le batteau que la ſonde fuſt à plomb, ie ne trouuay point de fonds à 1045. braſſées, qui ſont d'vn mil & vn quart de mille.

Deſcription de la deuxiéme Pyramide.

DE la Pyramide que nous venons de décrire, nous paſſerons à la ſeconde; qui n'en eſt éloignée que de la portée d'vn arc; Ie remarquay en chemin faiſant, à l'Oüeſt de la premiere, la maſſe d'vn Baſtiment ancien de pierre quarrée & bien polie, ſemblable à celle que Pline a appellée Bazaltes, qui a la couleur & la dureté du fer, & a ſeruy peut-eſtre autresfois de logement pour les Preſtres, ou de monument: à la main droite de cette antiquité en tirant vers le Sud, on trouue cette seconde Pyramide, de laquelle les anciens & les modernes ont laissé peu de chose. Herodote dit que Cephren l'auoit bastie, à l'imitation de son frere Cheops; mais qu'elle s'estoit trouuée de beaucoup inferieure en grandeur à la premiere: car, ce dit-il, nous l'auons mesurée. Il auroit esté à souhaiter qu'il nous eust dit ses mesures, & la maniere dont il s'estoit seruy pour les prendre. Il adjouste, il n'y a point dans celle-là de Bastimēt sousterrain; il n'y passe point de sources ny de canaux pour l'eau du Nil, comme sous la premiere. Diodore l'a décrit plus particulierement, & dit que l'Architecture en est semblable à la premiere; mais qu'elle est bien plus petite; que chacun de ses costez à vn stade de longueur: pour reduire ce stade à d'autres mesures, elle a 600. pieds Grecs, 625. de ceux qui estoient en vsage à Rome; tellement que selon cette supputation, chaque costé auroit cent pieds Grecs moins que la premiere Pyramide. Pline en fait la difference plus grande; car il donne à chaque costé de la premiere 883. pieds, & n'en donne que 737. à celle-cy.

Hero. l. 2.

Diod. l. 1.

Pl. l. 36. c. 12.

Pour moy, j'ay trouué que ces pierres estoient blanches, & qu'elles n'estoient point si grandes ny si massiues que celles de la premiere Pyramide; outre qu'elle n'est point par degrez comme la premiere: toute cette fabrique est encore fort entiere sans fistule, si ce n'est du costé qu'elle regarde le Sud; sa hauteur, autant que j'en peus juger à l'œil, ce qui estoit facile à cause que d'vne mesme plaine on les void toutes deux, est égale à la premiere. Strabon en a aussi fait ce jugement: les costez de leur baze sont aussi égaux, & le Docteur de Venise me confirma la mesme chose apres l'auoir mesurée fort exactement. Il n'y a point d'entrée pour penetrer dedans comme à la premiere, ainsi ie laisse à la conjecture des autres à juger, si son dedans est semblable au dedans de la premiere.

Stra. l. 16.

Du costé du Nord & de l'Oüest, sa baze est composée de deux pieces admirables; mais ie ne sçaurois assez m'estonner des anciens qui n'en ont point parlé: ce sont des pierres qui ont 30. pieds de large, & plus de mil quatre cens pieds de longueur: on a taillé dans ces pierres à la pointe du marteau, comme ie m'imagine, les logemens des Prestres; ils sont tirez à l'alignement des costez de la Pyramide, & font vne perspectiue fort agreable: l'entrée en est quarrée, taillée dās la roche, & de la mesme ouuerture que les logemens de la premiere Pyramide. Ie laisse à determiner à ceux qui ont écrit des Hieroglyfiques, si la figure quarrée des portes, leur peu d'exaucement, peut auoir quelque rapport à l'égalité de l'humeur des Prestres, & à l'opinion mediocre qu'ils auoient de leurs personnes: le dedans de ces logemens est vne chābre quarrée, le haut est en voûte taillé dās la roche; il y a vn passage d'vn de ces logemens à l'autre: mais l'ordure & l'obscurité qui y estoient, m'empescha de l'examiner dauantage. Du costé du Nord, j'y remarquay vne ligne de caracteres Egyptiens, tels qu'Herodote & Diodore les décriuent, & disent auoir esté pratiquez par les Prestres, & estre fort differens de ceux dont les particuliers se seruoient dans leurs affaires. Ce sont ces caracteres que Iustin Martyr dit auoir esté connus à Moyse; que l'Escriture dit ailleurs auoir sçeu toutes les sciences des Egyptiens. Ils ne descendent point de haut en bas comme ceux des Chinois de nostre temps; mais sont continuez en vne ligne comme nous écriuons maintenant, & si on peut le dire des caracteres qu'on n'entend pas; ils vont de la main droite vers la gauche, comme pour imiter le mouuement des planettes. Herodote le confirme, & Pomponius Mela, mais par vne expressiō assez obscure. Cette maniere d'écrire a esté suiuie par les Iuifs, par les Egyptiens, & par les Chaldeens; & il y a bien de l'apparence qu'ils l'ont prise des Egyptiens, puisque c'est d'eux que les Chaldeens mesmes reconnoissent d'auoir appris l'Astrologie, & les Grecs la Geometrie: Diodore confirme cette premiere assertion, & Proclus la seconde. C'est aussi d'eux que les Iuifs & les Arabes de nostre temps ont appris leur maniere d'écrire, & l'ont communiqué par leurs conquestes aux Persans & aux Turcs.

La Theologie des Chrestiens consistoit toute en figures mysterieuses.

Pomp. Mel. l. 1. c. 9.

Description de la troisiéme Pyramide.

De cette Pyramide, nous passâmes à la troisiéme, que nous trouuâmes estre éloignée de la seconde d'vn ject de pierre, éleuée sur vn éminence que fait vne roche sur laquelle elle est fódée, elle paroist aussi haute que la seconde mais en general, sa masse est plus petite & plus basse. I'auois tant mis de temps aux obseruations que i'auois faites aux precedétes, que ie ne peus pas obseruer cette derniere auec autant d'exactitude que i'aurois voulu, & qu'elle meritoit ; ie l'obseruay neantmoins assez, pour pouuoir refuter les erreurs des autres ; auparauant, il faut que ie rapporte ce qu'en ont dit les anciens, & les Relations de deux ou trois de nos plus exacts voyageurs : Herodote dit que Mycerinus dressa vne Pyramide plus petite que celle qu'auoit basty son pere, ayant vingt pieds moins sur chaque costé, c'est à dire 300. pieds de chaque costé : Diodore s'estend dauantage, & dit que chaque costé de la base de la Pyramide de Mycerinus auoit 300. pieds en long ; qu'il y a 15. assises de pierre noire semblable au marbre Thebaïque, & que le reste est basty de mesmes pierres dont sont composées les autres Pyramides : cét ouurage, dit-il, quoy qu'il ne soit pas si grand que les autres, ne laisse pas de les surpasser de beaucoup par la beauté de sa structure, & par la magnificence de son beau marbre : du côté du Nord, le nom de Mycerinus le Fondateur y est graué, j'adiousteray au témoignage de Diodore celuy de Strabon : Plus auant, dit-il, sur la roche plus éleuée en cét endroit, est la troisiéme Pyramide bien plus petite que les deux autres, mais de bien plus gráde dépense ; car depuis la baze iusqu'à la moitié de sa hauteur, elle est de ce marbre noir, dont ils font des Mortiers en ce pays-là, & qui est fort difficile à tailler. Pline qui l'a décrit par ouy dire, & plustost en Historien qu'en témoin oculaire. La troisiéme Pyramide, dit-il, est plus petite que les autres, mais bien plus belle ; elle est de marbre Ethiopique, & chacun de ses costez a 363. pieds. Voila tout ce que i'ay trouué dans les anciens de cette Pyramide ; mais entre les modernes, il faut premierement examiner ce qu'en dit Bellon, ou plustost Petrus Gilius ; car Mr de Thou dit dans son Histoire, que Bellon a esté vn plagiere, & qu'il a dérobé à Petrus Gilius, à qui il seruoit de Copiste, les Obseruations que nous auons sous son nom. Gilius a esté vn homme fort exact & fort sçauant dans l'antiquité, comme on void par vn Liure qu'il nous a laissé du Bosphore de Thrace, & de la Topographie de Constantinople. La troisiéme Pyramide est bien plus petite que les deux autres ; mais elle est d'vn tiers plus grande que celle qui se void dans les murailles de Rome proche du Mont-Testace, elle est aussi entiere que si elle venoit d'estre bâtie ; car elle est bâtie d'vne espece de marbre appellé Bazaltes ou marbre Ethiopique plus dur que le fer. Il seroit inutile de rapporter icy les Relations des autres, qui s'accordent tous dans le fonds : pour moy, ie croy que Diodore auoit pris ce qu'il en a écrit d'Herodote, & que Pline & Strabon se sont arrestez à ce qu'ils en ont troué dás Diodore ; & que les plus sçauans des modernes ont accómodé leurs Relations à l'authorité des anciens : car comment autrement pourroient-ils s'accorder tous à dire vne chose que ie puis asseurer estre fausse, si la memoire & mes yeux ne m'ont extremément trompé ; * il s'en faut peu que ie n'asseure qu'ils n'ont iamais veu cette troisiéme Pyramide, & qu'il leur est arriué la mesme chose qui arriuoit tousiours de mon temps à ceux qui les alloient voir, qui estoient tellement remplis de la grandeur de la premiere, qu'ils n'auoient plus attention pour obseruer les autres, à cause que cette troisiéme a la mesme figure, & qu'elle a le desauantage de paroistre la derniere, & d'estre la plus petite : Enfin, ils se sont trompez dans la couleur du marbre & dans sa qualité. Ie commenceray par Herodote, qui dit que chacun des costez de sa baze est de 300. pieds, & que cependant il ne s'en faut que 20. qu'il ne soit aussi long que celuy de la premiere Pyramide, au costé de laquelle il a donné

A fur long de 125 pieds.

* I'ay conferé depuis ce que i'en dis icy auec vn Capitaine Anglois qui auoit esté 4. fois à Alexandrie, & tous les 4. fois a veu ces Pyramides, qui m'a asseuré que ie ne me trompois point dans le rapport que i'en fais icy.

auparauant 800. pieds de longueur, ainsi on ne peut pas douter qu'il n'y ait faute en cét endroit; mais ie ne puis pas excuser de mesme ce qu'il dit, qu'elle est bâtie iusqu'à la moitié de sa hauteur de marbre Ethiopique; si ce marbre, comme le décrit Pline, Diodore & Strabon, est de la couleur de fer tirant sur le noir, & qu'il viẽne du fond de l'Ethiopie chez des peuples qui sont de la mesme couleur: puis que cette Pyramide est tout d'vne pierre blanche, qui a vn peu plus d'éclat que celle des autres; & ie ne me sçaurois assez estonner de ce que Diodore, Strabon, Pline, Belon & Gilius, ayent tous suiuy Herodote dans cette faute, puis qu'il leur estoit si facile de la découurir: On dira peut-estre pour les deffendre, qu'ils ont entendu que le dedans de la troisiéme Pyramide estoit basty de cette pierre; mais il n'y a point d'entrée non plus qu'à la seconde; ce qui rend cette deffense insuffisante. Il est vray qu'au costé de l'Est de cette Pyramide, l'on void les ruïnes d'vne masse de pierre d'vne couleur obscure, fort semblable à celle que nous auons décrite entre la premiere & la seconde Pyramide, qui peut auoir donné sujet à cét erreur.

Ie ne sçaurois excuser les anciens, & ie le pardonnerois encores moins à Belon ou à Gillius qui ont suiuy leur rapport, puis qu'ils s'en pouuoient éclaircir par leurs propres yeux: Ce n'est pas qu'on dût attendre d'eux, comme dit Tite-Liue, que les Escriuains modernes apportent tousiours quelque chose de nouueau, & surpassent dans leurs Relations le peu de politesse de l'antiquité. Nos modernes font tout le contraire, & ont corrompu ce que les anciens auoient dit auec beaucoup de verité, Herodote & Diodore font la coste de la baze de cette Pyramide de 300. pieds, Pline la suppose de 363. & ces Autheurs au contraire la font seulement d'vn tiers plus grande que la Pyramide de Sestius qui est proche du Mont-Testace; & ainsi, ou ils ont beaucoup augmenté celle de Rome, ou accourcy celle-cy; car celle de Rome estant mesurée du costé qui est dans la Ville, a justement 78. pieds d'Angleterre, ausquels si nous adioustons la troisiéme partie, elle aura cent quatre pieds; c'est à dire, qu'elle sera égale à la Pyramide d'Egypte, selon le sens de Bellon; c'est à dire, qu'il y aura vne erreur de 200. pieds sur vn compte de 300. ainsi fondé sur l'authorité d'Herodote & de Pline alleguée cy-deuant; ie soûtiens que la hauteur & la largeur de cette Pyramide sont égales. I'aurois fort souhaité de voir dans cette Pyramide le nom de son Fondateur, dont Diodore fait mention, & cette autre inscription de la premiere dont Herodote tasche de nous donner l'interpretation; mais l'vn & l'autre ont esté effacées par le temps: Il y a, ce dit-il, sur cette Pyramide, des caracteres Egyptiẽs, qui marquent la dépense qu'on auoit faite pour la nourriture des ouuriers, en ail & en oignons; vn Interprete me dit que cette dépense montoit à la somme de six cens talens d'argent: si cela est ainsi, combien doit-on croire qu'on ait dépensé en fer, en habits, & dans les autres dépenses de l'entretien de ce grand nombre d'ouuriers. Si i'auois veu cette inscription, peut-estre que ie pourrois determiner quelque chose de ces anciens caracteres d'Egypte, non pas de ces caracteres sacrez qui estoient des emblémes, & qui representoient les conceptions de l'esprit par des representations d'oyseaux, de bestes, ou d'autres obiets plus connus, mais de ceux dont ils se seruoient dans leurs affaires particulieres; enfin ie suis fort contraire à l'opinion de Kircher qui croit, tout habille homme qu'il est, que les caracteres des Copht, sont les mesmes qui estoient en vsage entre les anciens Egyptiens, car ce que i'ay veu d'anciennes sculptures dans les pierres qui se trouuent tous les iours en ce pays-là & dans les Momies, me fait assez connoistre que le langage Copht n'est qu'vne corruption du Grec.

Des autres Pyramides qui ſont dans les deſerts d'Affrique.

LEs deux premieres des Pyramides que ie viens de décrire, ſont miſes au nombre des merueilles du Monde : les autres qui ſe trouuent dans le deſert, ſemblent n'en eſtre que des copies, ou pour mieux dire de petits modeles ; c'eſt pourquoy ie ne m'embarraſſeray pas beaucoup, ny le Lecteur auſſi, de leur deſcription. Les anciens & les modernes ne laiſſent pas d'eſtre inexcuſables de la negligence auec laquelle ils les ont paſſez ſous ſilence, & principalement vne entre les autres, qui eſt auſſi merueilleuſe que pas vne des premieres ; elle eſt éloignée de quelques 20. milles des plus grandes ; elle eſt ſur vne roche comme les premieres, & aſſez proche du village par où on entre dans les Mommies. Le Docteur de Venize me confirma dans le jugement que j'en faiſois, & me dit qu'elle auoit les meſmes dimenſions que la premiere & la plus belle de toutes ; que par le dehors on y montoit par degrez ; que ſes pierres eſtoient de la meſme couleur, auec cette ſeule difference, qu'elle eſtoit plus ruïnée par le haut, & que l'entrée eſtoit du coſté du Nord ; ainſi tout ce que nous auons dit de la premiere, ſe peut appliquer à celle-cy : Bellon eſt exceſſif dans le nombre qu'il en fait, il dit qu'il y en a cent autres diſperſées çà & là dans ces plaines : pour moy, ie n'en peus compter plus de vingt, & Ibn Almatoug dans ſon Liure des miracles d'Egypte, n'en compte que 18. Il y a, ce dit-il, au coſté de l'Oüeſt, des baſtimens auſſi fameux que les autres Pyramides : on en compte 18. deſquels il y en a 3. du coſté opposé à Foſtat, appellé autrement le Caire.

Foſtat Meſtzr, & le Cahira que nous appellons le Caire, ſont trois noms differens d'vne meſme Ville, comme on le void dans Abulfeda & dans le Geographe de Nubie. Abulfeda à la verité, décriuant l'Alcaire, dit qu'elle eſt au Nord de Foſtat, & que Foſtat eſt ſur les riues du Nil.

De quelle maniere ces Pyramides ont eſté baſties.

APres auoir acheué mon diſcours des Pyramides, il me reſte a examiner la maniere dont elles ont eſté baſties, & comment d'auſſi grandes maſſes de pierres que celles qui ſe voyent dans la premiere, ont pû eſtre portées juſqu'au haut de ces Pyramides : Herodote qui a eſté le premier a mouuoir ce doute, explique la choſe de la ſorte : Ils éleuoient, dit-il, les autres pierres auec de petits engins faits de bois qui les tiroient ſur le premier rang, de là vne autre machine les éleuoit juſques ſur le premier degré, d'où elles eſtoient portées ſur vn autre ſecond degré par vne machine placée ſur le premier ; & autant qu'il y auoit de marches & de rangs de degrez, autant il y auoit de machines pour les éleuer, où ils tranſportoient la machine autant de fois qu'ils auoient à éleuer les pierres. Ce qui ſuit fait voir qu'il y a de l'erreur dans le texte, c'eſt pourquoy ie n'en diray pas dauantage ; mais la premiere partie de cette Deſcription d'Herodote, eſt pleine de difficultez ; car en plaçant & en dreſſant ces machines qui deuoient éleuer des pierres auſſi maſſiues, elles deuoient déplacer des degrez ſur leſquels elles eſtoient poſées, ou y faire quelque breſche ; ce qui auroit eſté vn grand defaut dans vne fabrique auſſi magnifique. Diodore ſe l'eſt imaginé autrement ; les pierres, ce dit-il, eſtoient taillées en Arabie ; & comme en ce temps-là on n'auoit pas encore l'inuention des machines pour éleuer des fardeaux, on éleuoit de la terre à la hauteur où ces pierres deuoient eſtre poſées, & on les rouloit deſſus ; & ce qui eſt le plus admirable, c'eſt qu'à l'endroit où toutes ces Pyramides ſont dreſſées, on n'y void aucun veſtige de cette terre, ny de la taille des pierres ; ſi bien qu'il ſemble que c'eſt pluſtoſt l'ouurage de quelque Diuinité que des hommes. Les Egyptiens en diſent merueilles, & nous voudroient faire croire ie ne ſçay quelles fables, que ces chauſſées auoient eſté faites de Nitre & de Sel, & qu'elles auoient eſté détruites par le moyen de l'eau qui les auoit fait fondre ſans autre trauail; mais il y a plus d'apparence à croire que ce grand nõbre de gens qui auoiẽt trauaillé à les baſtir & à les dreſſer, auoiẽt eſté employez à la fin à oſter tout ce qui ne ſeruoit de rien à la beauté de la ſtructure; car on y auoit employé 360000. hommes, & à peine cét ouurage fut il acheué en vingt ans de temps: Pline s'accorde en quelque façon auec Diodore, & dit; on eſt en peine de ſçauoir comment le mortier ſe pouuoit porter ſi haut; il auroit eu meilleure grace de demander comment on auroit pû porter ſi haut les pierres. Quelques-vns, dit-il, ont crû qu'on auoit fait des digues de ſel & de Nître qu'on auoit apres fait diſſoudre, faiſant tomber deſſus l'eau du Nil; d'autres, qu'on auoit fait des chauſsées de brique qui auoient eſté détruites apres, & employées à baſtir des maiſons; car ces derniers conſideroient que les eaux du Nil eſtans plus baſſes que l'édifice, elles n'auroient pas pû aiſément détruire ces montagnes de Nître & de Sel: pour moy, ſi on me permet d'en dire mon jugement, ie croy qu'elles ont eſté *éleuées tout autremẽt qu'Herod. Diod. & Pline ne ſe le sõt imaginé, que premierement ils auoient fait vne large & ſpacieuſe tour au milieu du quarré de la baze de la Pyramide; cette tour eſtoit auſſi haute que le deuoit eſtre toute la Pyramide: Ie m'imagine qu'aux coſtez de cette tour on y auoit appliqué les autres parties de cette fabrique piece à piece, juſqu'à ce qu'ils fuſſent venus juſqu'au premier degré, la plus difficile piece de ce baſtiment ayant eſté fait par cette voye qui ſemble la plus aisée, & il ne faut pas s'eſtonner ſi cela n'a pas eſté imité par les anciens, ou ſi Vitruue ne l'a pas recommandée; cependant, à juger des choſes par leurs éuenemens, l'intention de ceux qui dreſſent des Monumens eſtant de perpetuer la memoire des morts, il n'y a point de genre de baſtimens plus propre à le faire que la Pyramide: ainſi nous voyons à Rome, qu'encore le Mauzolée d'Auguſte ſoit quaſi tout ruïné, qu'il ne reſte plus de veſtiges du Septizone de Seuere; qu'on reconnoiſſe à peine les veſtiges de ces baſtimens, la Pyramide de Cæſtius cependant a reſiſté à la force du temps, & paroiſt encore entiere, quoy qu'elle ne fuſt pas comparable par la grandeur de ſes pierres, à celles qui compoſoient ces Monumens. I'ay dit ce que j'auois à dire de cét ouurage, il me reſte à parler de ceux qui y ont trauaillé: On demeure d'accord, ce dit-il, qu'elles ſurpaſſent tout ce qu'il y a en Egypte, pour la beauté & la magnificence de la ſtructure, & la ſcience de ceux qui l'ont entrepris; & les Egyptiens croyent qu'on doit admirer dauantage les artiſans que les Princes qui en ont fait la dépenſe.

*Si l'on reçoit cette ſuppoſition, on n'aura pas de peine à comprendre commẽt on a éleuées ces g ãdes maſſes de pierres, y employant les machines dont on ſe ſert pour leuer les fardeaux, & cela plus aysémẽt que par les moyens des ponts de briques ou de nitre que Diodore & Pline rapportent.

LA CONCLVSION.

IE finiray icy par vne obſeruation que rapporte Strabon. Il ne faut pas, ce dit-il, paſſer ſous ſilence vne particularité que nous auons obſeruée proche de ces Pyramides; l'on y void des tas de pierres & des recouppes des pierres qui compoſent les Pyramides; entre celles-là il y en a qui ont la figure de lentilles, d'autres qui reſſemblent à des grains d'orge à demy hors de leurs épics; ils diſent dans le pays que ce ſont les reſtes des prouiſions qui ſeruoient pour la nourriture des ouuriers, & qui ont eſté petrifiées depuis: Si elles eſtoient du temps de Strabon, il faut qu'elles ayent eſté depuis conſumées par le temps ou couuertes de ſable; cependant Diodore qui l'a precedé de peu, n'a pas remarqué cette curioſité; ce qui me feroit douter de la verité de ſa Relation, ſi elle ne venoit d'vn autheur auſſi judicieux, quoy que nous trouuions des exemples de ſemblables petrifications. I'ay veu à Venize les os & la chair d'vn homme entierement petrifiez, & à Rome vn tuyau où l'eau s'eſtoit changée en vn parfait albâtre. Ie croy qu'on pourroit dire la meſme choſe de ces morceaux de pain que l'on dit que l'on trouue proche de la Mer rouge, changez en pierre, & que les Habitans diſent que *les Iſraëlites* laiſſerent apres eux en fuyant la perſecution de Pharao; on les véd au Caire taillées en forme de pain, ce qui en marque aſſez l'impoſture; car l'Eſcriture Sainte dit, que le pain de ces peuples eſtoit fait en forme

de

de gasteaux sans leuain; ou la Relation de Strabon seroit semblable à vne tradition que quelques Chrestiens tiennent en Egypte, de la Resurrection de certains corps morts tous les ans; il y a des Chrestiens qui la croyent, & leurs Prestres l'authorisent par ignorance ou par politique; mais cette disgression est desia trop longue. La description des Momies, le reste des Sepulchres d'Egypte, & les Hieroglyphiques que i'ay copiez là & ailleurs, * seruiront vn iour d'argument à vn autre discours.

Vn François qui s'estoit trouué au Caire au temps de céte supposée Resurrection, m'a monstré vn bras qu'il en auoit apporté, décharné & sec comme vne Momie; il auoit remarqué que le miracle s'estoit tousiours fait derriere luy; s'étant retourné par hazard, il apperçeut vn Egyptien qui tenoit des ossemens sous sa veste, & découurit par là le mystere. Sand dit dans ses voyages, que l'on les void ressusciter le Vendredy Saint.

Metrophanes Patriarche d'Alexandrie, a creu qu'on la pouuoit prouuer par ce passage d'*Esaye 66. 24.* Ils verront les carcasses de ceux qui n'ont pas obserué mes commandemens, leur vers ne mourrera iamais, ny leur feu ne cessera de les brûler, & seront en execration à tous les hommes.

* I'auois eu dessein de traiter de cette matiere; mais le Recueil que i'auois fait de ces antiquitez durant le temps de mes voyages, s'est perdu en ma maison dans les desordres de ces derniers temps; & pleust à Dieu que ie n'y eusse pas fait d'autres pertes.

Lettre du Sieur Tito-Liuio Burattini, contenant vne description des Momies d'Egypte, traduite de l'Italien.

LA pluspart croyent que les Momies se trouuent dans les deserts de l'Arabie deserte, & que ce sont les corps de personnes qui ont esté estouffez dans ces sables lors que le vent de Midy souffle; mais ceux qui ont esté en Egypte sçauent, que ce sont les corps embaûmez des anciens Egyptiens: on en trouue grande quantité proche des ruïnes de l'ancienne ville de Memphis, dans des grottes soûterraines où ces Peuples enterroient leurs morts; on y entroit par vn puits quarré *A*, dõt l'ouuerture estoit telle qu'on y pouuoit descendre en mettant les pieds dans des trous creusez aux deux costez opposez de cette descente *B*, comme on le void dans le dessein: ces puits ne sont pas d'égale profondeur; mais les moins profonds sont de la hauteur de six hommes. Vous remarquerez que les puits & les grottes sont taillez dans vne pierre blanche & fort tendre; que dans tous ces Deserts on trouue cette sorte de pierre quand on a creusé vne brasse dans le sable; ainsi tout le dessous & tous les enuirons de la ville de Memphis estoit creux: Ie descendis dans vne de ces caues ou grottes par vn de ces puits quarrez; au bas du puits ie trouuay vne ouuerture quarrée, & vn passage qui n'est pas par tout de mesme longueur, en quelques endroits le massif de la roche ou pierre où ces passages sont taillés, a 10. pieds de longueur, en d'autres 15. ces passages seruent d'entrée à des chambres quarrées faites en voûte, dont chaque costé est ordinairement de 15. ou 20. pieds; & au milieu de chacun des 4. costez de la chambre, est vn soccolo *C*, de la mesme pierre, sur laquelle sont les corps embaûmes; les vns dans des caisses de bois de sicomore, où le ver ne se met iamais; les autres dans des tombes de cette pierre tendre que ie viens de décrire: ces tombes de pierres & ces bierres de bois, ont la figure d'vne statuë auec les bras pendans *D*; on trouue dans la pluspart de ces corps sous la langue, vne petite placque d'or de la valeur de deux pistoles. Les Arabes pour auoir ces placques, gastent toutes les Momies qu'ils trouuent entieres, & en gastent souuent plusieurs sans rien trouuer; ils vendent apres ces corps à bon marché aux Mahometans, qui les reuendent aux Marchands Chrestiens du Caire, à la teste de toutes ces Momies on void vne Idole *E*, & aux pieds vn oyseau. Il y a des Hieroglyphiques taillez en la muraille, qui seruoient peut-estre *F*, d'Epitaphe: outre ces quatre bierres qui sont les principales qu'on void dans ces caues, on en rencontre encore d'autres plus petites qui sont à terre, & principalement des enfans. Vous remarquerez que l'vn de ces puits seruoit quelquesfois à 25. ou 30. de ces chambres ou grottes qui auoient communication l'vne auec l'autre, comme l'on void dans le dessein de leur Plan *G*. & ces chambres n'ont point d'autre iour ny d'ouuerture que celle du puits.

n. ii

nº iii

A
Plan des Caves
des Momies
G
A
F
B

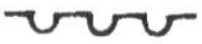

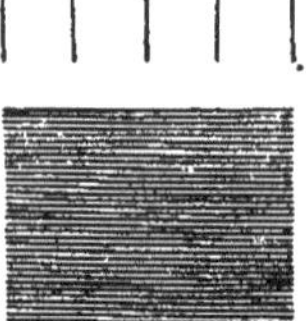

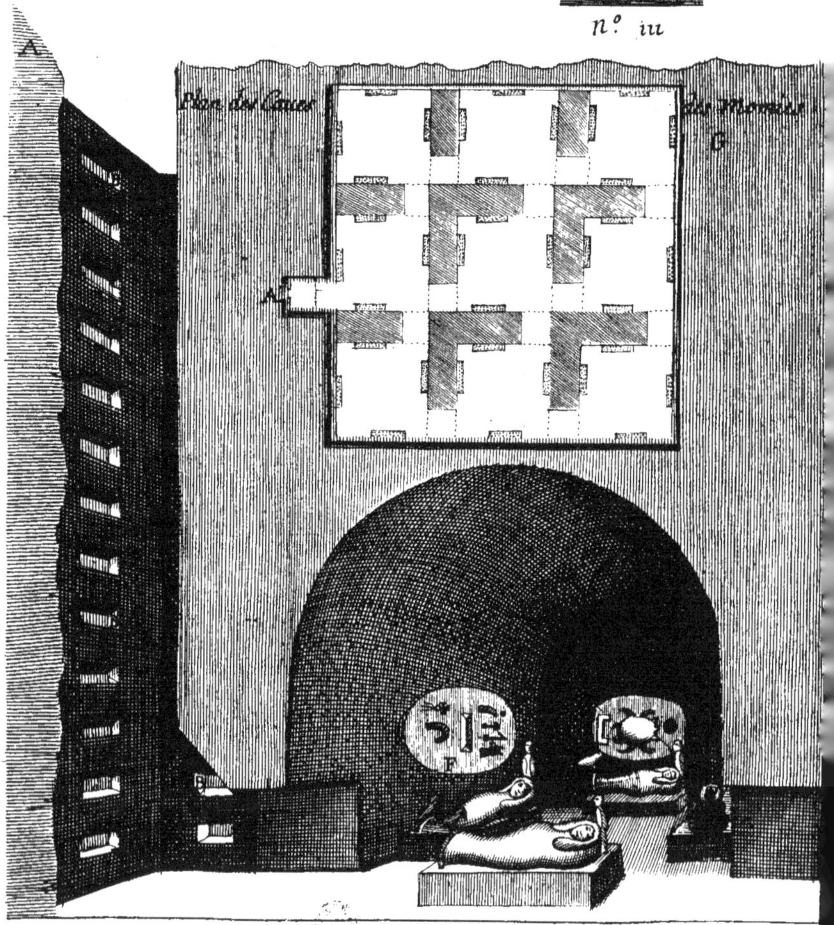

Pages. XXV.
et.
Pages. ij.

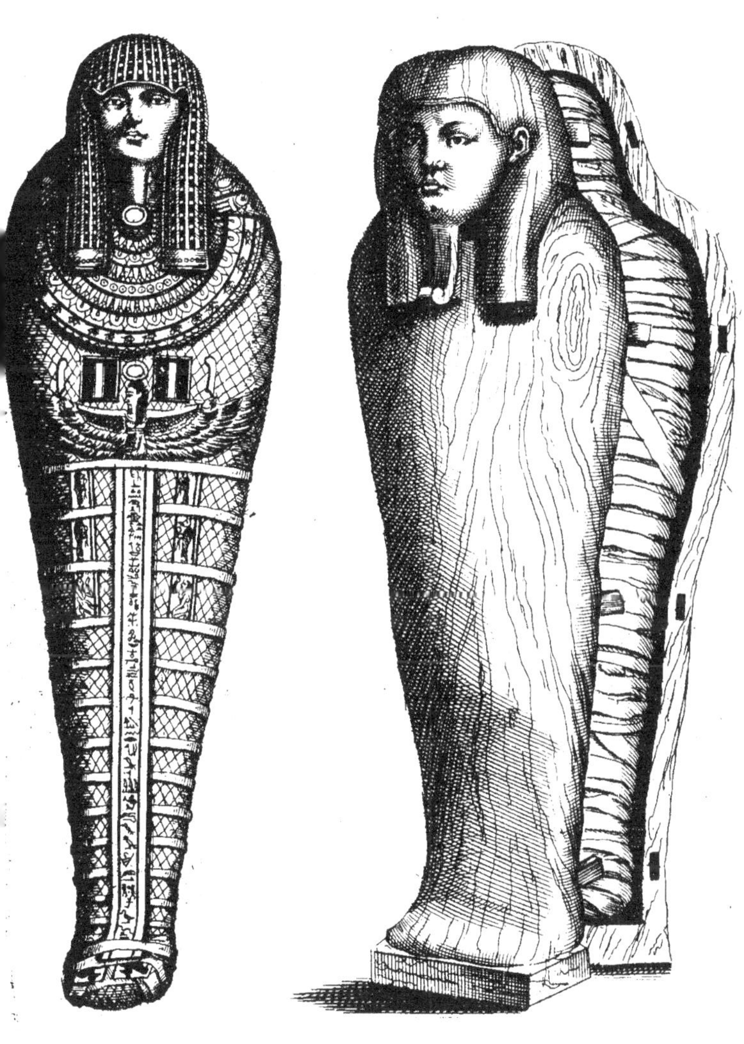

www.ingramcontent.com/pod-product-compliance
Ingram Content Group UK Ltd.
Pitfield, Milton Keynes, MK11 3LW, UK
UKHW021100270726
13994UKWH00009B/1693

9 782329 432618